JN303181

ソーシャルワーク実践へのいざない Ⅱ
―実践を深める相談援助演習―

編著 日本社会事業大学　実習教育研究・研修センター
　　 髙橋 流里子　松井 奈美　木戸 宜子

Invitation to Social Work Practice 2

日本医療企画

はじめに

　実践力の高い社会福祉士を目指して20年ぶりに大幅に改正された社会福祉士養成のカリキュラムが実施され、4年が経過しようとしています。この"実践力"をつけるための中核にある科目が、相談援助実習、相談援助実習指導、相談援助演習です。本学に実習教育研究・研修センターが創設された昨年度は、相談援助実習の教材開発として『ソーシャルワークへのいざない―はじめての社会福祉士の実習―』を作成しました。そのなかで、本学独自の「体験実習―実践実習モデル」を示し、通信教育課程で活用中です。本書は、相談援助演習を通してソーシャルワーク実践へといざなおうとしており、前作に続く教材として開発しました。

　したがって、本書は前作同様に、社会福祉系大学の学部生のみならず、社会福祉士養成校等で学ぶ社会人や現場における実践者、社会福祉士の資格取得を目指す履修生にも焦点をあてています。また、社会福祉士養成カリキュラムにおける相談援助演習の教材ですが、社会福祉士制度の枠にとらわれないソーシャルワーク実践の質の向上への願いを込めています。履修生については、本学通信教育科社会福祉士養成課程の例にみると、約7割は1年以上の相談援助の実務経験を有した相談援助実習免除者のため、相談援助実習・実習指導は履修不要です。本書においては、実習免除者には自らの実践を、学部生を含む要実習者には相談援助実習を、相談援助演習と結びつける学びになり、さらにその先には、実践力と理論構築を目指すソーシャルワーク実践への展開を期待しています。そのためにソーシャルワーク実践へとつなぐ、相談援助実習・実習指導・実践との連動を意識した相談援助演習のあり方も示しています。

　本書の構成は大きくⅡ部構成となっており、第Ⅰ部は、社会福祉士を目指す履修生向け、第Ⅱ部は、相談援助演習担当教員向けと、2つの立場から学べるように作成しました。第Ⅱ部については、社会福祉士の実務経験5年以上で相談援助演習や実習指導を担当する教員になることができ、社会福祉士が社会福祉士の養成に責任をもつという、社会福祉士養成カリキュラム改正に対応しています。実践者により相談援助演習が展開されることは、実感を伴った授業が行われると期待できます。一方、実践の質が高くても教員経験が少ない場合、実践の伝達はできても教育手法は不得手だと思います。そこで第Ⅱ部は、教育にも参加しようとする、こうした福祉の実践者のために作成し、今後、研修で活用していく予定です。実践者が相談援助演習担当教員として質の高い教育実践を行えば、実践者自らのソーシャルワーク実践も高める結果になると確信しています。

　一見、第Ⅰ部は履修生、第Ⅱ部は教員と、読み手が対極にあるようにみえますが、履修生はいずれソーシャルワークの実践者となりますので、同じ線上にある人たちと考えています。ですから、相談援助演習担当教員としての実践者には、ソーシャルワーク実践への橋渡しの役割を果たしてもらうことを期待しています。

　本書の作成には、実践経験があり、ソーシャルワーカーとしてのアイデンティティをもった、本学通信教育科社会福祉士養成課程の相談援助演習の面接授業等を担当しているメンバーが取り組みました。我々は、本書を通して、ソーシャルワーク実践につながるような学びの奥深さと楽しさを皆様とともに味わいたいと思います。

　最後に、本書の出版にあたっては多くの労とっていただいた日本医療企画の編集部の皆様に深く感謝いたします。

2012年2月

日本社会事業大学　実習教育研究・研修センター　センター長
髙橋流里子
Ruriko Takahashi

目次　Contents

第Ⅰ部　相談援助演習でソーシャルワークを学ぶ……5

第1章　相談援助演習で学ぶということ……6
1. 社会福祉士養成のカリキュラムにおける相談援助演習……6
2. 実践への橋渡しとしての相談援助演習……9
3. 考える場としての相談援助演習：振り返りとスーパービジョン……12

第2章　相談援助演習の枠組みとねらい……14
1. 相談援助演習の全体構造……14
2. 相談援助演習初期の学習のねらい……15
3. 相談援助演習中期の学習のねらい……18
4. 相談援助演習後期の学習のねらい……21

第3章　相談援助演習という形態の学び……24
1. 「相談援助演習」という学習形態……24
2. グループダイナミックスの活用……24
3. ロールプレイの活用……25
4. ビネットの利用による相談援助演習例……34

第4章　実習前・実習後の相談援助演習……37
1. 授業活用のためのマネジメント：アイデンティティの形成に向けて……37
2. 相談援助演習の意義──相談援助演習と相談援助実習──……40

第Ⅱ部　ソーシャルワーカーを育てる相談援助演習担当教員……49

第1章　相談援助演習担当教員になるということ……50

第2章　相談援助演習の枠組みと目標設定……52
1. 相談援助演習の全体構造……52
2. 相談援助演習クラスの形態と学び……52
3. 相談援助演習初期の学習目標……56
4. 相談援助演習中期の学習目標……57
5. 相談援助演習後期の学習目標……58
6. クラスの形態ごとにみる指導の留意点……59

第3章　効果的な相談援助演習形態の活用……62
1. 相談援助演習を担当するにあたって……62
2. 「演習」を通しての専門性の習得と基盤となるソーシャルワーク理論……65

3. 理論と技術を連結させる「演習」例 ································· 68

第4章　授業計画づくり ································· 74
　　1. シラバス作成 ································· 74
　　2. 相談援助演習の教材 ································· 77
　　3. 履修生の力を活かす授業計画・マネジメントの考え方 ································· 81
　　4. 授業評価と振り返り：演習担当教員としての振り返り ································· 84

第5章　授業計画案──相談援助演習と相談援助実習の連動── ································· 85
　　1. 実習前と実習後の相談援助演習のねらいの違い ································· 85
　　2. 実習前の相談援助演習 ································· 85
　　3. 実習後の相談援助演習 ································· 86
　　4. 実習後の相談援助演習授業計画案 ································· 89

第6章　事例を用いた相談援助演習計画例 ································· 94
　　演習1　「専門的援助関係の樹立に向けたコミュニケーション」 ································· 95
　　演習2　「在宅で終末期を迎えたいと願う高齢者の支援」 ································· 98
　　演習3　「認知症の一人暮らし高齢者の生活支援のためのアセスメント」 ································· 101
　　演習4　「権利擁護の観点から子どもの生活環境に介入する支援」 ································· 104
　　演習5　「高齢者と障害のある孫の世帯への支援」 ································· 107
　　演習6　「福祉サービスによる支援を望まないホームレスの支援」 ································· 110
　　演習7　「親と生活する知的障害者の自立支援」 ································· 113
　　演習8　「老人保健施設からの退所をめぐる支援」 ································· 116
　　演習9　「病院におけるチームアプローチと支援」 ································· 119
　　演習10　「虐待が疑われる在宅の要介護高齢者への支援」 ································· 122
　　演習11　「地域住民の生活問題への気づきとソーシャルワーク支援・機能」 ································· 125
　　演習12　「地域を基盤としたソーシャルワークの実践展開」 ································· 128
　　演習13　「地域で孤立しがちな住民の支援と地域社会」 ································· 130
　　演習14　「地域におけるエンパワメントに基づく支援」 ································· 132
　　演習15　「無年金障害者運動」 ································· 135

巻末資料 ································· 139

　　資料1　国際ソーシャルワーカー連盟（IFSW）のソーシャルワークの定義 ································· 139
　　資料2　日本社会福祉士会の倫理綱領 ································· 140
　　資料3　社会福祉士学校及び介護福祉士学校の設置及び運営に係る指針について（抜粋） ································· 143

表紙デザイン：能登谷 勇
本文レイアウト：能登谷 勇、秋田 毅英
表紙写真：©Victor Soares-Fotolia.com

本書で使用している用語について

　本書では、類似する用語が頻出するため、以下に用語の意味を記述した。用語の意味を正確に理解して学習することを望む。

社会福祉士養成課程における科目についての用語

　厚生労働省が定めている社会福祉士養成課程における科目には、「相談援助演習」「相談援助実習」「相談援助実習指導」がある。本書では、このほかに「演習担当教員」「ソーシャルワークの演習」「現場実習指導者」「現場実践」「実習免除者」「履修生」「実習生」という用語を用いている。

用語	意味
相談援助演習	厚生労働省が定めている社会福祉士養成課程における科目の名称である。なお、本文中においては「演習」と表現している。
演習担当教員	厚生労働省が定めている相談援助演習の科目を担当できる教員である。
ソーシャルワークの演習	社会福祉士養成課程の科目としての「相談援助演習」の範疇(はんちゅう)を超え、ソーシャルワーク実践の向上を目指す実践者による演習という思いを込めて用いている。
相談援助実習	厚生労働省が定めている社会福祉士養成課程における科目の名称である。本文中においては「実習」を用いている。
相談援助実習指導	厚生労働省が定めている社会福祉士養成課程における科目の名称である。本文中においては「実習指導」を用いて、教育機関において実習指導を担当する教員が行う範囲とする。
現場実習指導者	厚生労働省が定めている実習施設・機関で実習指導を行うことができる者である。
現場実践	「社会福祉現場における実践」という意味で用いている。
実習免除者	社会福祉士及び介護福祉士法第7条の規定により、養成機関において、相談援助実習、相談援助実習指導の科目の履修を免除される者を指している。
履修生	相談援助演習を履修している者を指している。
実習生	相談援助実習を履修している者を指している。

第Ⅰ部
相談援助演習でソーシャルワークを学ぶ

――――― ねらい ―――――

第Ⅰ部では、社会福祉士養成課程で学ぶ履修生として、カリキュラムに組み込まれている「相談援助演習」をどのように学んだら実践と結びつくのかを考える。それには相談援助演習の活用、全体の枠組み、授業の形態・方法の特徴、相談援助演習への相談援助実習・相談援助実習指導の活かし方を考えることが求められる。科目として学んだ相談援助演習で、実践や理論をつくり出せるソーシャルワーク実践へとつながることを期待している。

第Ⅰ部 相談援助演習でソーシャルワークを学ぶ

第1章
相談援助演習で学ぶということ

　人間が社会で暮らしている過程では、人間としての暮らしを阻むさまざまな問題に遭遇してしまう。ソーシャルワーカーには、その解決に向けて効果的に支援するという役割が課せられている。その支援には医師の治療には技術を備えることが必要であるのと同様に、ソーシャルワーカーにも問題を解決するための方法・技術が不可欠である。ソーシャルワーク理論の歴史を学んだ履修生なら、ソーシャルワーク理論が方法・技術にも着目して発展してきたことを理解できるはずである。そして、社会福祉士養成課程においては演習がソーシャルワーク実践につながる方法・技術の学習の一端を担うことになる。

　ただし、ソーシャルワークは方法・技法が一義的ではない。このことは、ソーシャルワークの専門性についてふれた以下の例を学び直してみるとよい。その一つに国際ソーシャルワーカー連盟（IFSW）のソーシャルワークの定義（巻末資料1）がある。また、ソーシャルワークの統合化に貢献したH.M.バートレットは、専門的価値と知識・理論がソーシャルワークの方法・技法を導くこと[1]を、Z.T.ブトゥリムは、「『善意で敷きつめられた道も、地獄に通じる』ことがある」[2]と、ソーシャルワークにとっての価値と知識・理論の重要性を指摘するとともに、これらの関係を示した。これらは、支援や介入という実践行動には、価値と知識・理論を基盤とした方法・技法が統合されるということに、ソーシャルワークの専門性を見出したのである。ソーシャルワーク実践において顕在化されている方法・技術には、専門的価値と知識・理論を内在化させているということができる。特定の技法やアプローチで、ましてや"ハウツー"や"マニュアル"にそのまま従うことが、人間の暮らしの問題解決につながるわけではないということになる。

　ソーシャルワーカーを目指す人は、このようなソーシャルワーク実践の特徴をふまえた"相談援助演習[3]"で学ぶことが、専門性を帯びた実践化につながることを理解してほしい。そのために本章では、社会福祉士養成カリキュラムの科目である演習の位置づけと意味および実習（実践）と演習とを関連づけたうえでソーシャルワーク実践における演習が果たす役割について述べるとともに、履修生が演習という場をどのように活用するかについての理解を促したい。

1. 社会福祉士養成のカリキュラムにおける相談援助演習

（1）社会福祉士養成のカリキュラムにおけるポイント

　現在の社会福祉士養成カリキュラムは「社会福祉士及び介護福祉法等の一部を改正する法律」（2007〔平成19〕年12月）を根拠に、2009（平成21）年4月に一部を残して実施された。このカリキュ

---

1) H.M.バートレット、小松源助訳『社会福祉実践の共通基盤』（ミネルヴァ書房、1978）pp.80-84
2) Z.T.ブトゥリム、川田誉音訳『ソーシャルワークとは何か──その本質と機能』（川島書店、1986）p.11
3) 2007年のカリキュラム改正前までの科目名は社会福祉援助技術演習であったが、本書では現科目名に統一して表記する。

ラムは社会保障審議会福祉部会の「介護福祉士制度及び社会福祉士制度のあり方に関する意見」(2006〔平成18〕年)で提起された「実践力の高い社会福祉士の養成」という課題に呼応させようとしたものである。

カリキュラムの全体は、**表1-1**のように5領域に区分され、19科目が配置された(⑤の「実習・演習」を除く)。これらの19科目については、学部生は講義科目として、通信生は面接授業を必要とせず、印刷教材のみで学ぶことになった。

表1-1 社会福祉士養成カリキュラムの5領域と履修時間数(大学系ルート)

領域と科目数　　　　　　　　　(　)は科目数		履修時間数	
①「人・社会・生活と福祉に関する知識」(5)		180	
②「総合的かつ包括的な相談援助の理念と方法に関する知識」(2)		180	
③「サービスに関する知識」(9)		300	
④「地域福祉の基盤と開発に関する知識と技術」(3)		120	
⑤「実習・演習」	相談援助演習(1)	150	
	相談援助実習指導(1)	90	420
	相談援助実習(1)	180	
合　計		1,200	

出所:厚生労働省「社会福祉士養成課程における教育等の見直しについて」(2008年3月)

(2)「相談援助演習」の位置づけと意味

演習は、社会福祉士制度が創設された時に、社会福祉士養成のために設置された科目であり、わが国独自の科目といわれている[4]。**表1-2**に示すように、社会福祉士制度が発足されて以来、養成カリキュラムは2回改正されている。演習と実習指導・実習における履修時間の変遷をみ

表1-2 社会福祉士養成課程における相談援助演習と実習・実習指導の履修時間の変遷

■大学系ルート:学部生が履修する

	1987年		1999年改正	2007年改正
相談援助演習	60時間	60時間	120時間	150時間
相談援助実習指導	270時間		90時間	90時間
相談援助実習	(科目として実習指導が独立していない)		180時間	180時間

■一般養成施設:通信課程で履修期間が1年6か月以上の一般養成施設に適用

		1987年	1999年改正	2007年改正
相談援助演習	面接授業	6時間	12時間	45時間
	印刷教材	162時間	324時間	405時間
相談援助実習指導	面接授業		5時間	27時間
	印刷教材		120時間	243時間
相談援助実習		90時間	90時間	180時間

社会福祉士介護福祉士学校職業能力開発校等養成施設指定規則昭和62年厚生省令第50号、
社会福祉士介護福祉士学校職業能力開発校等養成施設指定規則平成11年厚生省令第106号
社会福祉士介護福祉士養成施設指定規則平成20年厚生労働省令第42号より作成

---

[4] 石川久展「ソーシャルワーカー養成と演習教育」『ソーシャルワーク研究』Vol.36,No.2(相川書房、2010)pp.15-23

第 I 部　相談援助演習でソーシャルワークを学ぶ

ると、演習はカリキュラムの改正のたびに履修時間数が増加している。

　社会保障審議会福祉部会が提起した「実践力の高い社会福祉士の養成」の課題については、演習、実習指導・実習[5]の履修に関する基準を設けたことに表れている。それらは、演習の履修時間数増加に加え、社会福祉士を養成する教育機関に対し、演習担当教員の要件の義務化や、教員一人で担当する1クラスの学生数の上限、実習をシラバスで実習前後に配置、といった基準である。これらを遵守させることで各教育機関間のばらつきをなくすというねらいがある[6]。

表1-3　「相談援助演習」のねらい

「相談援助の知識と技術に係る他の科目との関連性も視野にいれつつ、社会福祉士に求められる相談援助に係る知識と技術について、次に掲げる方法を用いて実践的に習得するとともに、専門的援助技術として概念化し理論化し体系立てていくことができる能力を涵養する。①総合的かつ包括的な援助及び地域福祉の基盤整備と開発に係る具体的な相談援助事例を体系的にとりあげること。②個別並びに集団指導を通して、具体的な援助場面を想定した実技指導(ロールプレーイング等)を中心とする演習形態により行なうこと。」

出所：平成20年3月28日19文科高第918号　厚生労働省社援発第0328002号「社会福祉士及び介護福祉士学校の設置及び運営に係る指針について」

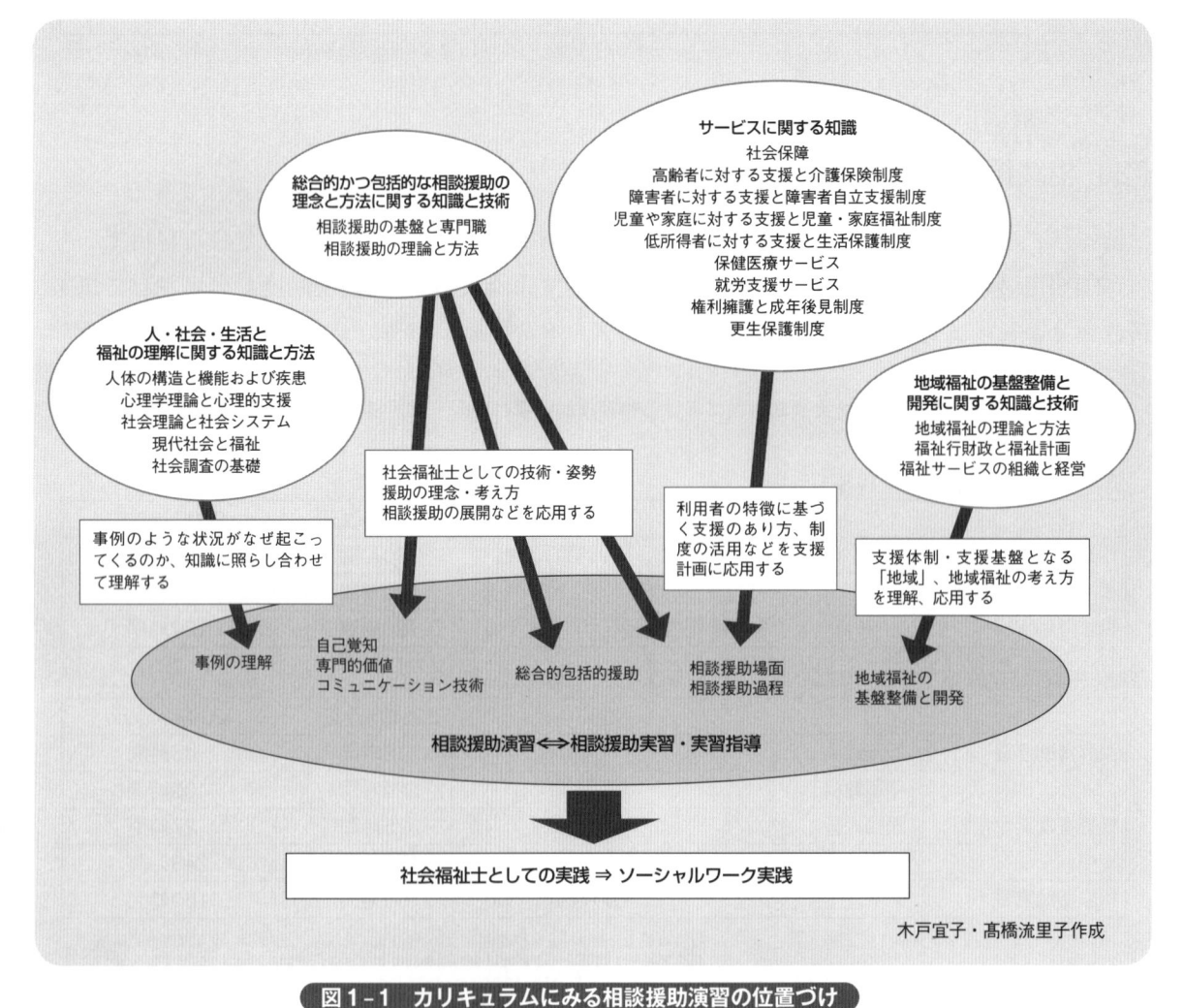

図1-1　カリキュラムにみる相談援助演習の位置づけ

（木戸宜子・髙橋流里子作成）

---

5) 2007年のカリキュラム改正前までの科目名は相談援助実習が社会福祉援助技術実習、相談援助実習指導が社会福祉援助技術実習指導であったが、本書では現科目名に統一する。
6) 2009年度全国社会福祉教育セミナー「シンポジウム『いかにソーシャルワーカー養成の質を保証するか』厚生労働省社会・援護局総務課社会福祉専門官諏訪徹氏の発言」によれば、福祉系大学等については、実習・演習科目には基準を設けたが、その他の科目については何の基準も設けていないと、大学に講義科目の裁量をもたせているとの発言からも裏づけられる。

また、**表1-3**に厚生労働省が示した演習のねらいを引用した。これを見ると、演習は他の科目との関連をもって実践的に習得するものであること、ソーシャルワークの概念化・理論化に向けた科目として位置づけられていることがわかる。

カリキュラム全体における演習の位置を整理すると**図1-1**のようになる。価値と知識・理論は科目学習において学ぶことになる。科目学習において、モザイクのような寄せ集めや単一の知識にとらわれるのではなく、全体を一つのパッケージとして統合させる。そして、これらを実習・演習に収れんさせ、社会福祉士としての実践力に導こうというのである。

2. 実践への橋渡しとしての相談援助演習

ソーシャルワーク実践の知識・理論の内容について、前出のH.M.バートレットは「他分野からの借り物」と「ソーシャルワークの経験からの実践の知恵」に分類した[7]。

また、国際ソーシャルワーカー連盟（IFSW）のソーシャルワークの定義では、実践に活用する理論として「人間の発達と行動」「社会システムに関する理論」をあげている。社会における人間の発達プロセスなどの人間の行動に関する科学、個体の構造・機能やその法則性などの生物科学、社会構造などの社会科学といった多分野に渡り、学際性を帯びたものといえるだろう。

知識・理論と演習との関係については、「演習とは、理論、方法、技術、価値の諸体系と実践体系との交互連鎖現象を実証する作業」[8]として、演習は知識・理論と実践との橋渡しに役立てるものとの定義がある。この定義を参考にして、知識・理論と実習（実践）の橋渡しをする演習、そして演習と実習指導・実習の関連性を整理した（**図1-2**）。

以下、この整理した内容をもとにして、これらの関係をみていく。

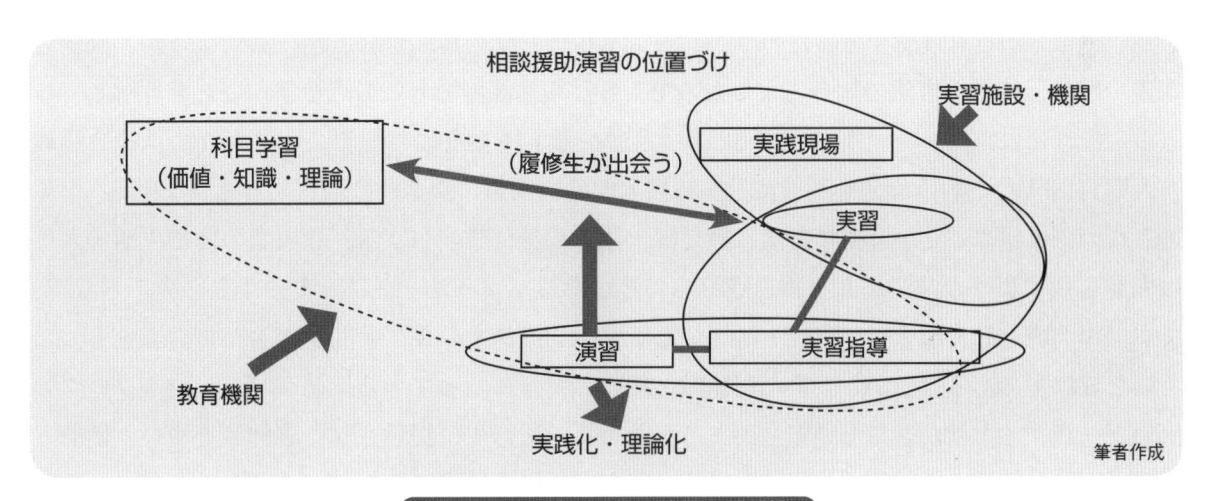

図1-2 知識・理論と演習の関係性

（1）知識・理論の総体と相談援助演習

知識・理論は、社会福祉士養成カリキュラムでいえば、**表1-1**の①から④の領域の科目を指し、

---

7) H.M.バートレット、小松源助訳『社会福祉実践の共通基盤』（ミネルヴァ書房、1978）pp.67－74
8) 福山和女「科目『相談援助演習』の意義」白澤政和・福山和女・石川久展編『社会福祉士相談援助演習』（中央法規出版、2009）p. iii

第 I 部　相談援助演習でソーシャルワークを学ぶ

既述したように、これらには価値の学習も含まれている。演習において、こうした知識・理論がどのように活用されるのかをみていく。

知識・理論は、抽象性、一般性、規則性のある情報が論理的に組み立てられ、教科書や論文等にまとめられている。演習では、実践化に向けてさまざまな場面・事例を提示して、教科書等で学習した知識・理論、ソーシャルワークのアプローチにあてはめるといった活用や応用訓練を行う。模倣や仮説の後追いをして、演習が実践との橋渡しをする場合である。

しかし現実には、教科書などの知識・理論をあてはめるというやり方では問題解決に導けない場面・事例によく遭遇するものである。知識・理論から導き出した抽象性、一般性から外れる場合である。ソーシャルワーク実践で遭遇する、社会・経済状況などの影響を受けて暮らしに困難をきたす人々の抱える問題は、具体的かつ個別的事象であるがゆえのことである。「介護支援専門員は○○の役割を果たすべき」などと制度が目指すべき方向と、目の前にある実態との間に食い違いが生じる場合もある。だがしかし、これをもって"現場では知識・理論は通用しない"と結論づけてしまってはいないだろうか。

演習では、こうした既知の知識・理論の枠にあてはまらないような具体的かつ個別的事象の問題解決に向けて帰納的に思考する訓練もする。授業で提示された事例・事象や実習(実践)事例を起点に、問題認識や背景・要因の分析を行うのである。そして、さらに、問題解決までの過程を思考し、論証するという論理的組み立ての訓練も含まれる。この過程で必要な論理の組み立てを身につけるには、論理的思考で構成されている知識・理論から学ぶことができる。体験・事例を通して考える訓練を積み重ねていくことで、既存のソーシャルワークの理論を超えて新たな理論、新たな解決への道を自ら開く力を身につける可能性がある。これも演習が実践への橋渡しとなる場合である。

ソーシャルワークの専門性が価値と知識・理論、技術・方法の統合など、これらの関係を重視していることからも理解できるだろう。ソーシャルワークの専門性は、前述したように、価値と知識・理論、技術・方法の統合によるものであるから、演習でもこの点を学ぶことを理解してほしい。それには、ソーシャルワーク実践が「人道主義と民主主義の理想から生まれた」「社会正義と人権」(ISFW) という価値を基盤にし、知識・理論は価値に基本的に一致するという視点[9]を見逃さないで、学ぶことが肝要である。例えば、社会福祉従事者による、利用者の命や生活・人生に傷跡を残すような言動をして報道されることがある。ソーシャルワーカーなら事実に対して、まずは専門職として望ましい目標・目的である専門的価値を基準に、問題か否かの認識をもつことになるはずである。しかし、学んだ知識・理論の背景になっている価値がソーシャルワークの価値と一致するとはかぎらない場合がある。だから、履修生に提示された事例等を使い、価値と知識・理論の整合性を見極められると学びは確実に深まるはずである。

社会福祉士養成のカリキュラムは、法が規定する業務を行う専門職養成であるから、政策意図を反映せざるを得ない一面がある。制度としてのサービスは問題解決への思考過程を経た結果、手段として選ばれるべきものである。ところが、既存の制度の枠組みに束縛されてしまい、法に規定されたサービスをニーズベースに適用させるということが生じかねない[10]。筆者はカリキュ

---

[9] 田川佳世子「イデオロギー分析とソーシャルワーク理論の再編」『社会福祉学』第 49 巻第 4 号（日本社会福祉学会、2009）p.5
[10] 志村健一「資格制度がソーシャルワークの教育と研究にもたらしたもの―大学における社会福祉士養成教育を手掛かりとして―」『ソーシャルワーク研究』Vol.37,No.2（相川書房、2011）pp.43-50

ラムにおける知識の位置づけによって、手段が先行したり、マニュアル至上主義のような風潮をかもしたりと、これまでの専門化への流れに逆行するのではないかという危惧をもたざるを得ないことがある[11]。演習の授業を通して、こうしたことに気づいた履修生もいた。

演習は、ソーシャルワーク実践に価値および価値と知識・理論との間の整合性を確保した統合であり、理論化を進め、専門化を進展させるために役立つものである。

(2) ソーシャルワークの理論と相談援助演習

知識・理論のなかでも実践に直結するのが「ソーシャルワークの経験からの実践の知恵」としてのソーシャルワーク理論である。ソーシャルワークの理念、概念、理論モデル・アプローチやその歴史などを理解するためのもので、科目名でいえば、「相談援助の基盤と専門職」と「相談援助の理論と方法」である。ソーシャルワークの理論は、社会状況や、人間が抱える暮らしの問題、社会における問題の捉え方といった影響を受けて、実践とあいまって発展してきた。

ソーシャルワークの概念や専門用語と実習(実践)が直接的に結びついていくことで、日常の業務がソーシャルワーク実践へと導かれる。ソーシャルワーク理論では、人間と環境を一元的に把握し、ミクロ・メゾ・マクロのレベルに介入するといった抽象性の高い概念や、こうした概念の発祥が海外であることから、エンパワメント、ストレングスなどカタカナ表記による用語が多用される。そこで、演習では、ソーシャルワークの概念、理論を活用しながら授業を進めていくという手法が目立ってくる。授業で提示された場面・事例はこれらのソーシャルワークの概念やアプローチに結びつけることによって、演習と実践との橋渡しになるのである。

通信課程の履修生のなかには、すでに介護支援専門員等の社会福祉の現職に就いて、日々の業務(実践)を通じて断片的に専門的価値、知識・理論について学習しているという人も多くいるだろう。しかし、体系的にソーシャルワーク理論に触れるのは初めての場合が少なくない。しかるに、印刷教材による学習では概念等の理解を深めることができず、実践とソーシャルワーク理論をうまく結びつけられずに苦慮している履修生に、面接授業の際によく出会う。筆者のこの体験は、ソーシャルワーク概念・理論の知識不足が履修生の演習の学びのつまずきになり得るという問題提起[12]とも符合する。

このつまずきをなくすためには、「知的学習の上に体験学習を重ねる」[13]という、演習と知識・理論の関係を正しく再認識することが肝要であり、くり返しになるが、学部生は講義科目、通信生は印刷教材で価値や知識・理論を着実に学んだうえで、演習に臨むべきである。

(3) 実習指導・実習と相談援助演習

演習からみると、実習は対極に位置する。この演習と実習の関係、実習の前後における演習の意義やねらいには違いがある(**第Ⅰ部第4章2**参照)。実習指導と演習が連携して脇を固め、実習への橋渡しをするはずである。それによって援助技術を習得し、実践力を得て理論化に向かう。

実習には実習指導が伴走する。この実習指導と、現場実習指導者の指導との協働(**p.8図1-1**)によって、履修生は一体的に学習を進めることになる。また、実習後の実習指導では、実習の目的

---

11) 表1-1の社会福祉士養成カリキュラムをみると既存の制度の枠などの理解を求めるとも思われる「サービスに関する知識」が9科目で、全体の1/4の時間を占めている点が気になる。
12) 中村佐織「ソーシャルワークにおける演習教育の課題」『ソーシャルワーク研究』Vol.36, No.2(相川書房、2010)pp.88-98
13) 北島英治他編『ソーシャルワーク演習 上―社会福祉援助技術演習(上)』(有斐閣、2002年)pp.3-5

や課題の達成具合を確認し、体験からの自分自身に対する新たな気づきを振り返り、その後の学習課題を見出すことに意義がある[14]といわれる。このように、実習指導では、実習体験から自己の課題を見出すというように、実習体験そのものを直接扱うのである。

両者は、具体的な活動、実習（実践）を理論化・概念化へ向けていくという共通の頂上を目指している[15]。通信生で実習免除者にとっての演習は、自らの実践経験そのものが知識・理論の対極にあり、演習でそれらをつなげると考えてよいであろうし、またその実践の積み重ねは、理論化の訓練や理論の実践化へつなぐ助けになるはずである。演習が実習（実践）と、価値や知識・理論を結びつけ、実践化、さらには概念化、理論化させて専門職としての能力を培うことは、学部生、通信生が共通して目指すところである。

通信生の実習指導・実習と演習を見ると（p.7表1-2）、履修時間数、実習指導と演習の面接授業時間数がそれぞれ増えている。そして、厚生労働省のシラバスでは演習と実習に連動性をもたせるよう示されているが、両者を連動させにくいという指摘がある[16]。面接授業の配置によっては演習の授業内容をふまえた実習指導・実習を行うことが困難だからである。

また、実習免除者の面接授業は演習のみであり、同省のシラバスでは実習免除者に対する演習と実践の関係には触れていない。実習免除者の演習では、履修生の実践との連動性をもたせることが望ましいが、履修生への個別的対応の限界などの困難さがあるので、教育機関の今後の課題となる。そこで、実習免除者一人ひとりが、演習で提示された事例を対象化しないようにするなど、自己の実践と結びつけるような姿勢で演習に臨むことを勧めたい。

3. 考える場としての相談援助演習：振り返りとスーパービジョン

（1）自己への気づき・発見から考える

実践化、理論化を目指す演習は、能動性の高い学び方によって授業が進められていくという点が、伝達形式の知識・理論の授業とは異なり、実践化への有効性があると考えられる。ソーシャルワーカーは、利用者等との人間関係を基盤に展開される援助、つまり対人援助を基礎とする専門職である。実践場面では、とっさに何らかの反応・実践行動が要求される。その際に用いるのは、知識・理論そのものではなく、そうしたもののなかに醸成された"自己"である。このことから、援助に従事する専門職が用いるのは「道具としての自己」であるといわれる[17]。

演習においては、体験学習や事例検討等の学習方法（演習の形態については**第Ⅰ部第3章**参照）が用いられる。これらの学習方法では、専門的実践や理論化の過程に不可欠な「自分で考える」という作業を必須とする。なかでも体験学習や実習などの事例を用いた学習においては、「振り返る」ということが重要になる。この振り返りは、事実の確認や反省とは異なる過程である。この過程において大切な一歩は、「自己への気づき」や、知識・理論をもとに自ら問題を再認識・再発見することである。自己への気づきにおいて、自分の信念や価値観、態度などを理解すること、つまりこれらが他者にどのように影響しているのかを認識することである。こうしたスキルが、ソー

---

14) 例えば、宮崎牧子「第4章 事後学習」米本他編『社会福祉援助技術現場実習』（建帛社、2002年）pp.160-162 がある。
15)「社会福祉士養成施設及び介護福祉士養成施設の設置及び運営に関わる指針について」（平成20年3月28日 厚生労働省社援発第0328001号通知）において、相談援助実習指導のねらいと相談援助演習のねらいの両方に「具体的な体験や援助活動を、専門的援助技術として概念化し理論化し体系立てていくことができる能力を涵養する」と明記されていることからも根拠づけられる。
16) 石川久展「ソーシャルワーカー養成と演習教育」『ソーシャルワーク研究』Vol.36.No.2（相川書店、2010）p.15-23

シャルワークに必要な対人関係形成力を養うために役立つのである[18]。

　実習(実践)においても、振り返りのスタートは、知識としては当然のことや、反対に意外と思えることについて、実習(実践)において自分で発見・認識した問題に対して知識を総動員して状況を理解し、その問題が起きる要因や背景を分析・解釈して、どのように考え支援すればよいかを仮説として考える、という過程をとる。この過程は、自ら考えることに尽きる。考えることで自己の知識・価値・技術について認識し、自らの不足している理論・知識や技術を知って、それらを補充することが可能となる。この過程をたどることが実践化や、実習(実践)体験のなかでのさらなる問題発見へとつながっていく。

(2)スーパービジョンの機能を通して考える

　振り返りには、スーパービジョン(スーパービジョンの概念については**p.42-45**参照)の機能の介在や、少人数グループの演習ではグループメンバーという他者が重要になる。自分で自分に気づくことには限界があるからである。グループメンバー間での気づきの内容や考え方に差異があれば、また別の自己を発見できる。このため、振り返りをいかに効果的なものにするかについては他者の存在があり、こうした他者の存在が学習を進化させる要素の一つとなる。

　とくに、個別に、またはグループに対するスーパービジョンの機能が、履修生の経験の振り返り内容を深め、彼らの学習の深化やソーシャルワークの理論化を導く。経験によって実践力が高まるのは、自己の振り返りの過程と、この過程でのスーパービジョンの効果に影響されると考えられる。こうした学び方によって、観察力、情報収集力、分析力、関係形成力、想像力、判断力、応用力、開発力などの実践力が身についていくといえる。

　演習は、スーパービジョンの機能を活用して考える場であり、その考える主体は履修生一人ひとりである。このことから、一人ひとりの学び方にも、効果的な学習に結びつけられるかどうかの成否がかかっていることを自覚してほしい。また、自己の体験と、学習した知識を結びつけて考える、いわば主人公として、学習における主体性を発揮してほしい。これらは専門職に求められる自律性や、人間としての成長を育むための糧ともなるはずである。こうしたことから、実践力のさらなる向上のため、社会福祉士資格を取得し、実践を始めた後もソーシャルワーク演習を続けていくことが重要となる。

---

17) A.W. コームズ他、大沢博他訳『援助関係―援助専門職のための基本概念』(ブレーン出版、1985) pp.6-8
18) サラ・バーンズ他編、田村由美他監訳『看護における反省的実践―専門的プラクティショナーの成長―』(ゆみる出版、2005) pp.55-56

第2章
相談援助演習の枠組みとねらい

1. 相談援助演習の全体構造

　演習を部分的に見ると、技法の習得や方法論ばかりが浮き彫りになるが、全体的にみると、構造的かつ重層的な学習形態となっている。まず、演習を初期、中期、後期の3つの時期に区分する。この区分については、教育機関で多少のばらつきはあるものの、おおむね次のようなことがいえる。まず、初期は、友人、家族以外の初対面の他者と意識的な関係をつくることを学び、実習で利用者、現場実習指導者を含む職員との円滑な関係形成を念頭において、実習の前に設定される。中期は、専門技法や支援方法を理論として理解するだけでなく実践的に活用することを目標に、おおむね実習を直前に控えた時期に設定される。後期は、実習で学んだことを教育機関で吟味し、理論や

表1-4　演習全体の構造

学習要素 ＼ 演習時期	初期	中期	後期
①支援技法	基本技法	分析技法 専門技法	専門技法
②支援過程	支援過程導入部	支援過程各部分	支援過程全般
③支援方法	個別支援 グループ支援	アウトリーチ 社会資源活用・調整・開発 ケアマネジメント チームアプローチ ネットワーキング	地域の社会資源の開発 福祉基盤の形成と管理 ソーシャルアクション スーパービジョン
④目標および課題	本人および家族への支援 個人とグループへの支援	孤立、排除 虐待、暴力 不安定就労 不安定居住 各状況の把握と支援	複合的問題、支援困難および危機状況への対処 ジレンマの克服 政策・制度への働きかけ
⑤しくみおよび制度サービス		介護保険制度 障害者自立支援制度 児童・家庭福祉制度 低所得者支援と生活保護制度 保健医療サービス 就労支援サービス 成年後見制度 更生保護制度 社会保障制度	地域福祉計画 地域福祉活動計画 費用負担及び財政 福祉サービスの組織と運営 政策と法律制度の関係

筆者作成

概念と結びつけ照合することを目指すため、ほぼ実習が終了した時期に設定される。そのうえで、厚生労働省の通知[19]や各教科書、とくに『相談援助の基盤と専門職』『ソーシャルワークの理論と方法』[20]等の内容を勘案した全体構造が**表1-4**である。これらすべてに言及することは紙幅もあり困難なので、各構成要素のうち、①支援技法、②支援過程、③支援方法を加味した学習のねらいについて、概略を記述する。なお、④目標および課題の設定、⑤しくみおよび制度サービスの活用については、**第Ⅱ部第6章**「事例を用いた相談援助演習計画例」を参照してほしい。

2. 相談援助演習初期の学習のねらい

(1) 対人援助の基本を学ぶ

① 基本技法の意識化と強化

　支援技法は**図1-3**に示すように、大別すると「基本技法」「分析技法」「専門技法」の3つから構成されている。初期の演習では、特に基本技法を強化する必要がある。コミュニケーションの方法は、人それぞれ特有である。

　よく話す人は何を話すかに力点がおかれているため、概して相手の話をじっくり聞くことは少ない。一方、話すのが苦手な人は黙っている分、よく相手を観察している。このように普段は意識しないで自分の得意な方法を駆使して意志の疎通を図っているので、初めて支援を学ぼうとする人は、そこを出発点として再構成する必要がある。他方、現場ですでに支援者の立場に身をおいている人は、聴くこと、観ることについての意識は高いが、話すことをことさら技法と意識していないことが多い。しかし、適切に自己開示し自己表現することは、関係形成のためには欠かせない。そこで、日常生活であたり前のように行っているコミュニケーションを一つひとつ意識し、吟味することが必要となる。なぜなら、人との関わりにおける自分の傾向を自覚するには、無意識になされていたことを「意識化」することからはじめなければならないからである。それは、相手との間につくられている関係が、これらのコミュニケーションの産物であり、自分の関係のつくり方によって引き起こされているという自己理解にもつながるものである。

　対人援助の基本が、初期の目標としてことさら強調されるのはこのような意図からである。いきなり面接の技法を習得しアセスメントに取り組んでも、コミュニケーションのあり方という基本をじっくり学ばないと「型」にはまった学習となり、接ぎ木のように脆弱で、状況に合わせて対応できる柔軟性を身につけることはできない。

(2) 対人援助の基本に基づき関係を形成する

① 支援の前提となる関係形成

　私たちが日常もっている家族、友人等との人間関係は、ほとんど自然につくられたもので、関係をつくることを意識的に行ってきたわけではない。これに対して、利用者との関係は意識的につくっていく関係だといえる。家族は別として、友人、知人は自分に選択権があり、友人として

---

[19]「社会福祉士学校及び介護福祉士学校の設置及び運営に係る指針について」(平成20年3月28日　厚生労働省社援発第0328002号)
[20] 出版社によって教科書のタイトルは異なり、『相談援助の理論と方法』として出版されている場合もある。

選ばないことも可能であるが、利用者に対しては、関係をつくらないという選択はない。加えて、支援者としては基本的な人間関係にとどまらず、専門的な関係を築くことが求められるため、基本的な関係形成を成り行き任せにしていたのでは時間がかかりすぎ、専門的な関係に達することができない。

このため、支援者は関係をつくることに「意識的」でなければならない。意識的であることは、作為的に関係をつくることとは異なる。内心を押し隠して迎合するような表面的な「良い関係」は利用者からすぐ見抜かれ、早期に破綻をきたしやすい。良い面も悪い面も含め、できるだけ隠さずにありのままの自分を出しながら、関係を築いていく。ここに先の基本技法が活かされる。

関係は常に一直線につくられることはなく、理解の浅い場合は一進一退をくり返すのが常であるから、一喜一憂せず、利用者の反応や態度を自分の反応や働きかけと対置させてみることが必要である。また、支援関係とは、支援する人、される人という関係ではなく、生活課題に向き合い、方法の選択について「ともに考える関係」であり、信頼が土台となる。この信頼関係がどのようなものであるかは教科書だけで学ぶことはできない。初期の演習では、まずこれを体験し、気づきを得る必要がある。演習での人間関係は、初期ではほとんど初対面に近い。単なるクラスメートではなく、初めて出会った利用者に見立て、基本技法を習得しつつ、いかに関係形成をつくるかは、演習を活用した学習の一つの側面であるといえる。

（3）支援過程の理解

① 支援への円滑な導入

支援過程は**図1-4**のようになっている。演習初期に意識したいのは、基本技法による関係形成を通して支援に円滑につなげていく導入の仕方である。支援の現場で導入に該当するのは、支援が必要な人を支援者が発見し支援につなげていく場合、または支援を必要とする人が相談機関を訪れて初回面接が実施される場合、在宅サービスあるいは居住支援において契約を取り交わす場合やそのための事前調査などである。いずれにしても、利用者と支援者が支援を前提として出会う最初の機会であり、この時に利用者とどのような関係がつくれるかがその後の関係づくりにおける鍵となる。措置から契約に移行した現在では、支援者が与える第一印象やその導入の仕方によって、利用者が支援を受け入れないことも十分あり得る。

（4）支援方法

① 支援方法の第一義的理解

個別支援の学習は、これまで述べてきた基本技法を駆使した関係形成が土台となる。

個別支援を実施するためには面接が一般的であるが、現場では構造化された面接の機会がもてない場合もあるため、生活場面面接も想定し、利用者あるいは家族との関係形成を通して気持ちを受け止め、状況を把握する。

さらにグループの場面における支援の方法についても学ぶ必要がある。一人ひとりを重んじながら、かつ、グループに属するメンバーとしても位置づける。そうすると、一対一の関係にはみ

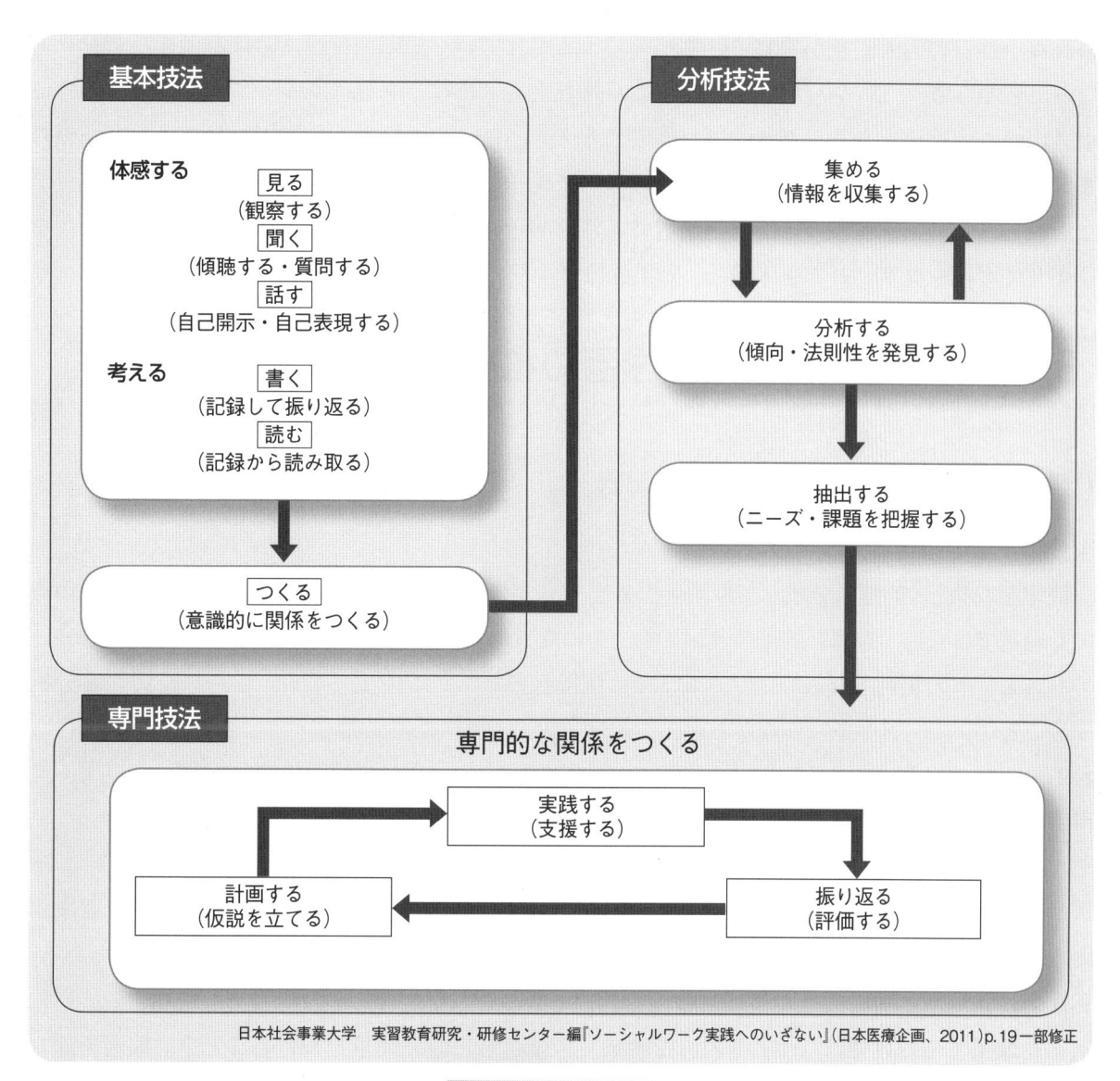

第2章　相談援助演習の枠組みとねらい

基本技法

体感する
- 見る（観察する）
- 聞く（傾聴する・質問する）
- 話す（自己開示・自己表現する）

考える
- 書く（記録して振り返る）
- 読む（記録から読み取る）

つくる（意識的に関係をつくる）

分析技法

- 集める（情報を収集する）
- 分析する（傾向・法則性を発見する）
- 抽出する（ニーズ・課題を把握する）

専門技法

専門的な関係をつくる

- 計画する（仮説を立てる）
- 実践する（支援する）
- 振り返る（評価する）

日本社会事業大学　実習教育研究・研修センター編『ソーシャルワーク実践へのいざない』（日本医療企画、2011）p.19一部修正

図1-3　支援技法

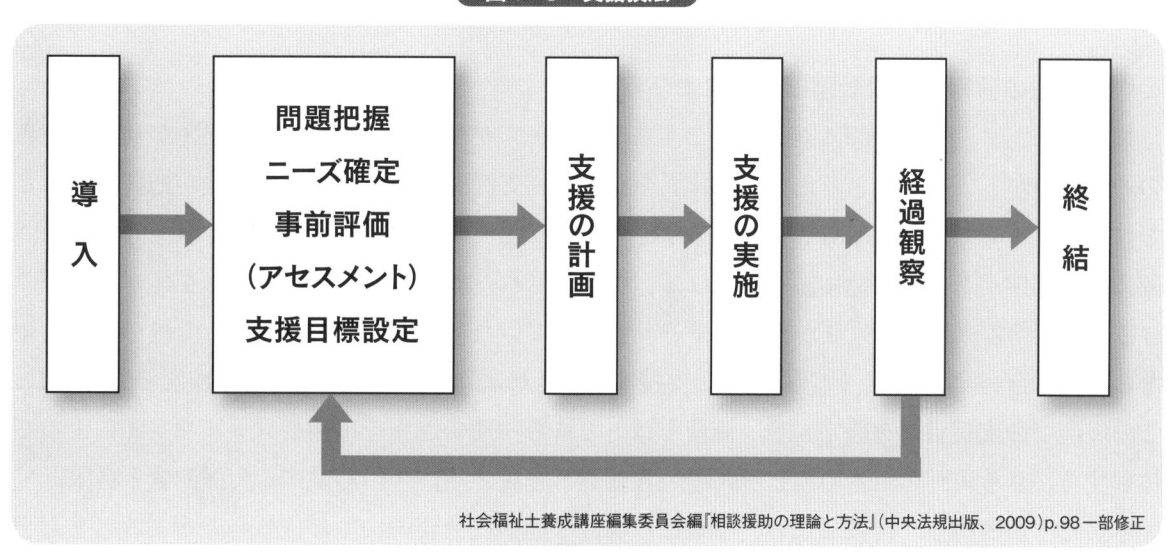

導入 → 問題把握／ニーズ確定／事前評価（アセスメント）／支援目標設定 → 支援の計画 → 支援の実施 → 経過観察 → 終結

社会福祉士養成講座編集委員会編『相談援助の理論と方法』（中央法規出版、2009）p.98一部修正

図1-4　支援過程

第Ⅰ部　相談援助演習でソーシャルワークを学ぶ

ソーシャルワーク実践へのいざないⅡ　17

られない独自の力と動きが生じる。これをどう活用していくかは、実践における大きなテーマとなる。ところで、「和」や「団結」を重んじる日本社会の傾向は、ときにグループ本来の力を十分に引き出せない遠因となる。グループを構成するメンバーの一人ひとりを個別に見るより、一つのまとまりとして見てしまいがちだからである。グループの力を理解するためには、まずグループに所属し、その力を体験することが早道である。演習クラスは一つの小集団であるから、これを活用してグループプロセスを体験し、効果的にグループを活用する方法を身につけていく。

3. 相談援助演習中期の学習のねらい

（1）支援過程の理解と専門技法の習得

①分析技法の習得と支援目標の設定

　情報を収集し、的確に分析して仮説を引き出すアセスメントは、ソーシャルワークの根幹といっても過言ではない。的確なアセスメントの土台に立った支援計画が初めて意味をもつからである。アセスメントの土台となるのは、ここまでに習得してきた基本技法である。得られた情報を分析することがアセスメントにつながるが、情報は「観察」「傾聴」「自己開示・自己表現」を通して得られる。それは、偶発的に入ってくるものではなく、目的をもって意図的に情報収集した結果、獲得される。

　支援に際しもっとも重要なことは、利用者にまつわる情報をさまざまな角度から分析し、ニーズや課題を抽出することである。ニーズは必ずしも利用者が意識しているとはかぎらず、さまざまな訴えや要求から、その時々の状況のなかでそれを見極める専門家としての視点が必要となる。利用者にまつわる関係機関が多岐にわたると、当然のことながら、その情報量も増加する。単に情報を収集するだけではなく、それらを吟味し、統合し、優先順位をつけることを、演習を通して学んでいく。

②専門技法の習得と支援計画の作成および実施

　抽出されたニーズや課題に対して、こうすればニーズが満たされ、あるいは課題が軽減されるのではないかという方法を考え、支援計画を立てる。支援導入時に利用者の全貌が把握できることはまずないので、これはあくまで、その時点での仮説にすぎない。仮説である以上、根拠は明確にする必要がある。根拠に誤りがあれば、引き出された仮説もそれに応じて修正することができるからである。利用者家族が相談に来る前から得ていた情報、直接会ったことで得られた情報などを突き合わせながら、問題は何か、支援すべき人は誰か、原因はどこにあるかなどを分析し、この段階での支援目標を設定する。演習では、これら一連の過程を事例やロールプレイによって体験する。さらに、利用者の抱える問題が各機関・施設・団体等の提供する支援内容と合致しているかどうか検討し、合致しないと判断した場合は他の社会資源につなげる必要があることも学習する。

③評価と支援計画の修正

支援計画にそって行われた実践は、経過を観察し、利用者の問題解決に意味があり、効果があったかどうかを検討する必要がある。状況に変化があった場合、あるいはよりよい方法を見出したときには、支援計画を修正しなければならない。ここには当面の目標のほかに新たな生活上の問題が起きていないかどうかの評価も含まれる。新たな問題があれば、再び情報収集と仮説の設定の過程に戻り、支援計画を立て直す。これらの過程は新しく支援計画を立てるたびに伴うものであるが、支援者主導の計画になっていないかどうかの検討も怠ってはならない。利用者は支援を受けるだけの存在ではなく、支援の主体だからである。サービスを実際に受けている利用者や家族の声に耳を傾け、その声をどれだけサービスに反映できるかは、介護保険制度の導入により措置から契約へと介護保険が移行するのに伴ってクローズアップされた課題といえる。モニター機能を発揮して、**図1-5**のように支援が継続する限り評価は繰り返され、これらの評価は次に述べる終結評価とともに専門的技法であるから、確実に演習で身につけることが求められている。

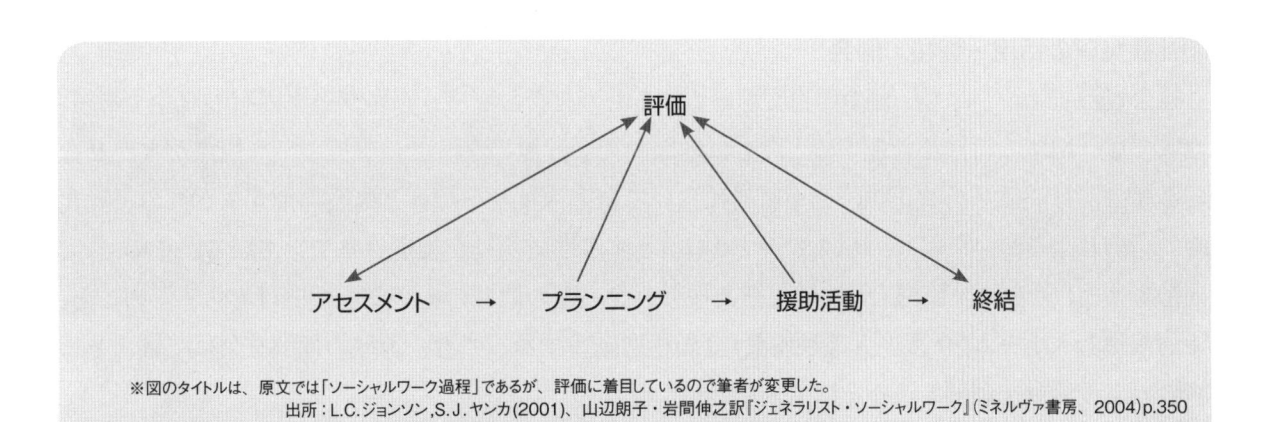

```
                    評価
                  ↑ ↑ ↑ ↖
                ↗  ↑   ↖
  アセスメント  →  プランニング  →  援助活動  →  終結
```

※図のタイトルは、原文では「ソーシャルワーク過程」であるが、評価に着目しているので筆者が変更した。
出所：L.C.ジョンソン, S.J.ヤンカ(2001)、山辺朗子・岩間伸之訳『ジェネラリスト・ソーシャルワーク』(ミネルヴァ書房、2004)p.350

図1-5　支援過程における評価

④支援の終結と支援効果に対する評価

支援の終結としては、次の場合が想定される。(ア)支援活動に成果が見られ、目標が達成されたと判断された場合、(イ)また反対に、目標が達成できず、継続してもこれ以上効果が上がらないと判断された場合、(ウ)何らかの事情で個別契約の更新が行われない場合、(エ)利用者の死亡や転出、移管(行政機関における管轄地域が変更されること)等である。こうした場合、ニーズの充足や目標の達成について、支援の効果や的確さを、全体として最終的に評価する必要が生じる。

専門技法としての評価技法はとくに重要である。なぜなら、支援の質の向上は、ひとえに評価にかかっているからである。支援過程で行われる評価が短期目標を主とし、利用者や家族の意向の反映やケース記録の分析を通して行われるのに対し、終結評価は導入時(契約時)の長期目標の達成や適否の分析を通して実施される。いずれにしても、正確な評価がなされてこそ、支援の適合性が明確になり、新たなサービス開発の方向が見えてくる。演習を通して正確な評価技法を身につけることで、専門性をより高めることができる。

（2）支援方法を学ぶ

①支援における個別性と全体性の理解

　支援と援助は同義ではない。支援とは「ケア」から「見守り」「主体性の尊重」まで含む幅広い概念であって、直接的な介護や介助とは異なり、その活動が表面に現れず目に見えないこともまれではない。さらに言えば、ソーシャルワークの機能は支援だけでなく、代弁、調整、教育、開発に至る幅広い機能を有しているが、多くの場合、それらははっきりとした形をなさないために意識されにくいという性質がある。社会福祉士としての支援活動が社会福祉分野以外の人たちには理解されにくく、社会福祉士としての実習が構造化されにくい理由はここにある。したがって、演習では目の前の個別的かつ直接的な支援だけでなく、「関係」「プロセス」「背景」といった目に見えないものを常に意識する。すなわち、「部分」だけでなく「全体」を視野に入れながら支援を組み立て、実施していくことを学ぶ。

②社会資源の活用・調整・開発

　「社会資源」とは、人、物、資金、制度等あらゆるものを含むソーシャルワーク固有の概念である。地域では、地域の特性を把握するとともに地域の社会資源のなかでの支援という視点が欠かせない。社会福祉関係八法改正以降、市町村において在宅福祉サービスと施設福祉サービスの一元化的供給のしくみがつくられ、地域を一つの単位とする地域福祉が推進されてきている。そのため、福祉事務所、社会福祉協議会、地域包括支援センター等の地域の相談支援機関はもちろんのこと、特別養護老人ホーム（介護老人福祉施設）等居住型施設であっても、地域の理解を欠いては、その施設の支援活動を理解することはできない。

　そこで、個々の地域を念頭において調査し、社会資源とはどのようなものであり、有効に活用するとはどのようなことを指すのか、演習を通して学習する。支援者の所属する施設・機関は、そうした地域の社会資源の一構成要素であるという理解が欠かせない。そのうえで、各事業所が提供するサービスを、利用者のニーズを充足するために活用し調整することになるが、地域においてサービス提供が充足できていない場合、その事業所においてサービスを企画・開発することを視野に入れる必要もある。時間的制約のなかで相談だけでも対応しきれないほどであるというのが現場の実情であるとはいえ、社会資源の活用だけでなく調整や開発まで一貫して考えることができるのは、演習という学習形態の特徴であろう。

③さまざまな支援方法の把握

　支援活動で重要なことは、支援方法の選択である。近年、支援を必要とする状況は、要介護の状況を思い起こしてもわかるように複雑さを極めており、一人の支援者が個別支援、グループ支援を行えば十分という状況ではない。また、地域には一つの世帯として複数の生活課題を抱えた人がともに暮らしているということもまれではない。例えば、高齢者夫婦と障害のある子どもの世帯、あるいは単身高齢者と失業中の息子の世帯などは、その典型的な姿である。近年では、老

老介護、認認介護、老障介護などという造語もよく耳にする。加えて、単に介護保険制度の複数事業所の利用に留まらず、介護保険制度と生活保護制度、障害者自立支援法による支援と介護保険制度、入院から地域生活への移行など、同時期に複数の制度サービスを並行して利用する世帯も増えている。こうした実情は、各関係施設・機関等が連携して支援にあたる必要性を高めているといえる。

　ところで、解決すべき課題が必ずしも当事者に自覚されているとはかぎらない。こうした課題は地域のいたるところに潜んでいるため、支援者からの積極的なアプローチが必要となる。したがって、アウトリーチや社会資源の活用・調整、ケアマネジメント、チームアプローチ、ネットワーキング等は、支援方法の学習として大変重要である。連携や協働の場面で活用されるのがケアマネジメントであるが、介護保険制度導入後、ケアマネジャーによるサービスの調整・管理という意味に縮小されたかのような感がある。しかし、ケアマネジメントというのは本来ケースマネジメントであり、利用者のニーズを正確に把握したうえでフォーマルなサービスのみならず、インフォーマルな支援までを視野に入れて、社会資源との調整を図る専門的手法であり、介護や介助だけに限定されない。支援者の立ち位置は明確にしておかなければならないが、所属する施設・機関の定型的な業務を超えた調整も必要となる。

　連携においては、社会福祉の専門職だけでなく、医療の専門職、さらに民生・児童委員のようなボランタリーな人々も加えたチームアプローチが求められている。このような実情を、演習の支援方法を通して学んでいく。

　また、地域には、自然にあるいは意図的につくられたさまざまなネットワークが存在する。形態としては二つに分けられる。一つは、個別支援を行っていくなかで支援者同士の関係や事業所・施設の連携が深まることによってつくられる個別性からのネットワークであり、もう一つは、地域に必要なネットワークが先につくられ、そのなかで個別の問題の発見と解決が求められる地域起点のネットワークである。支援と社会資源との関係を考えるうえで、どちらのアプローチも理解し、状況に応じて使い分けられる力量が求められる。演習ではこれらの支援方法を通して、地域支援とはどのような支援方法であるかを、全体として理解する学習が展開される。

4．相談援助演習後期の学習のねらい

（1）包括的支援の理解

　演習中期のなかでも、たびたび「個別性」と「全体性」の双方を視野に入れる訓練がなされてきた。しかし、ソーシャルワークのかなりの部分が調整業務であることを考えたとき、生活レベルの細々した調整を行っていても、街角の地図の「全体図と現在地」の関係のように、全体から見て、自分が行っていることはどのようなことであり、そこにおける課題の解決は、どのような意味や効果があるのかという「視座」は欠かせない。それを欠くと、支援者は個々の課題に個別的に対処する以上の力をもつことができない。

第 I 部　相談援助演習でソーシャルワークを学ぶ

　解決すべき課題が複雑化するとともに、地域の社会資源の一つとして、他の職種・組織と連携し、ネットワークを形成しながら対処する必要があることは、演習中期にすでに学んだとおりである。しかしそれは、制度サービスを既存のものとし、それらを結びつけて支援するということに過ぎず、制度サービスそのものを見据え、働きかけることにはならない。ソーシャルワークの機能には、利用者の状況を周囲に伝え、新たな制度サービスの開発し、制度サービスに働きかけるソーシャルアクションを含むことを今一度思い起こす必要がある。こうした社会資源の開発を行うためには、地域福祉計画も含め、現行の制度サービスのしくみや体制を正確に理解し、働きかけるべき方向をつかまなくてはならない。支援者としては、より一層効果的な支援体制をつくるために、どこに向かって何に働きかけるかを明確にし、個別支援のみならず、グループや組織・地域に対する支援、福祉政策、制度全体に対する働きかけを一体のものとして「視座」に入れることがとりわけ重要になる。

　そして、利用者や家族のニーズを把握し、支援者の所属する組織の機能にそって個別支援の短期目標を設定するとともに、中長期的に地域の他機関とどのように連携し支援の質を高めるか、

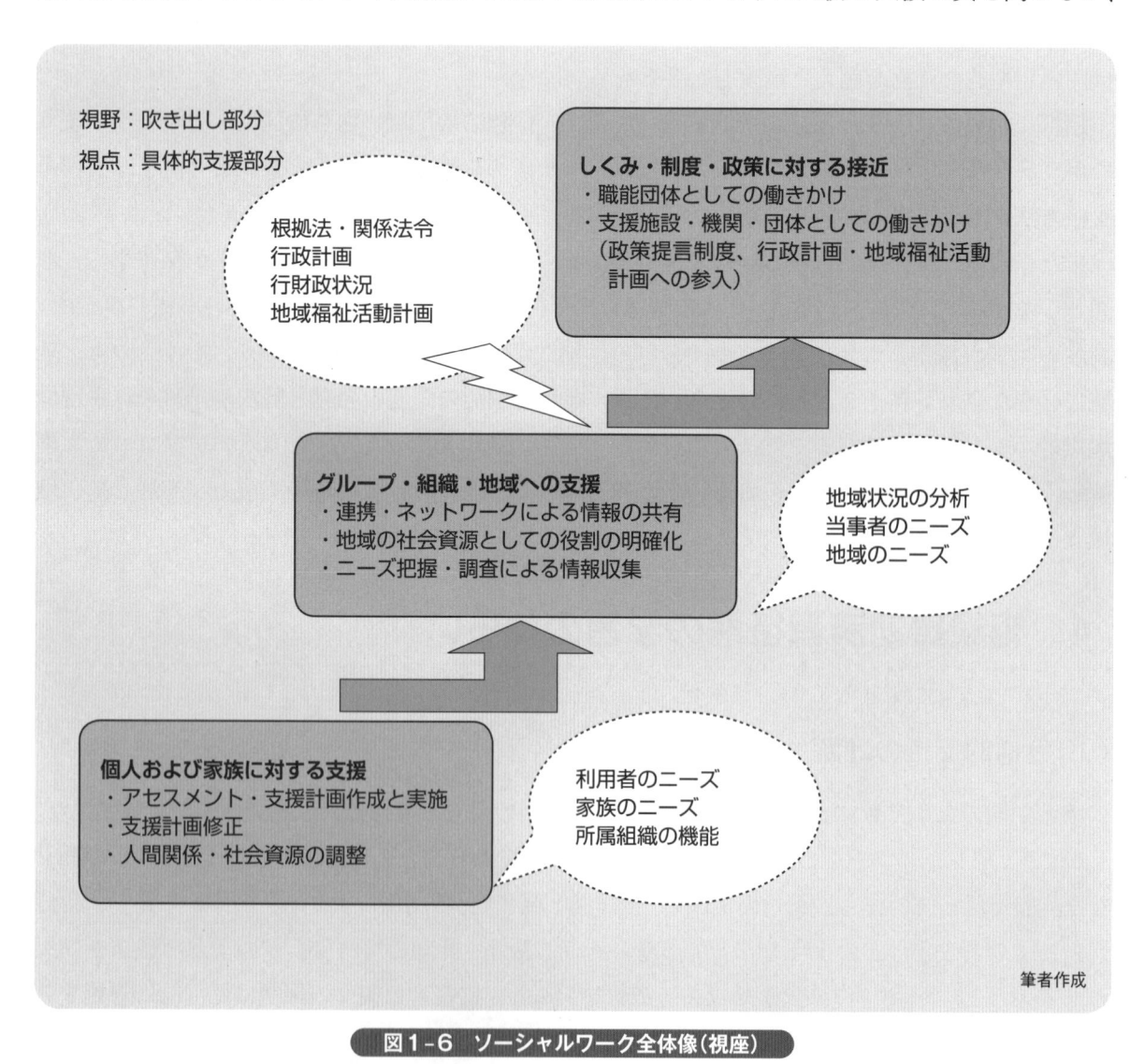

視野：吹き出し部分
視点：具体的支援部分

しくみ・制度・政策に対する接近
・職能団体としての働きかけ
・支援施設・機関・団体としての働きかけ
（政策提言制度、行政計画・地域福祉活動計画への参入）

根拠法・関係法令
行政計画
行財政状況
地域福祉活動計画

グループ・組織・地域への支援
・連携・ネットワークによる情報の共有
・地域の社会資源としての役割の明確化
・ニーズ把握・調査による情報収集

地域状況の分析
当事者のニーズ
地域のニーズ

個人および家族に対する支援
・アセスメント・支援計画作成と実施
・支援計画修正
・人間関係・社会資源の調整

利用者のニーズ
家族のニーズ
所属組織の機能

筆者作成

図1-6　ソーシャルワーク全体像（視座）

さらには制度の改善や開発などを「視野」としてもつ。日常的な問題解決や個別支援に追われるのが偽らざる現実だとしても、このような全体像をもつことができれば、現在行われている支援の方向性と、絞り込むべき「視点」を明確にしておくことができる。図1-6はソーシャルワークの全体像である。このように個別支援、地域のなかでの支援、制度・政策への働きかけに対する一体的理解を図るのが演習後期の学習のねらいであり、ソーシャルワークの統合的理解といえる。

(2) 支援困難事例への対応

ひと口に地域支援といっても、地域は極めて個別性が高く、多種多様な課題を抱えている。ある地域で採用されている方法を別の地域で実施しても、同様の成果を上げるとはかぎらない。そして、複数の課題を抱えている家族に対し、さまざまな機関や事業所が関わりながら、必ずしも効果的な支援が行われていない実情がある。これらの要因に利用者の個別性も加わり複合的に積み重なると、支援困難な状況が引き起こされる。

しかし、ややもすると、支援困難の要因を、自己主張の強さや、孤立、拒否的傾向、ワーカビリティなど、利用者の個別性に帰してしまう傾向が見られる。表面に現れているものが個別的なものであったとしても、それを生みだしている理由や背景に目を向けなければ、原因も支援方法も見えてこない。これには、先の包括的支援の「視座」「視野」「視点」の活用が有効である。演習の最終段階に支援困難事例が位置づけられているのは、この意味においてである。問題のみにとらわれることなく、詳細なアセスメントを通して、何が支援困難に当たるのかという要因を的確に分析することは、新たな方法を見出すことにつながる。

ところで、教科書の記述は往々にしてすっきりと整理されているが、現実の支援はそのように直線的には進まず、利用者と家族、利用者と制度、利用者と支援者の価値観のはざまで、支援者は何を優先し、何に力点をおくかの選択を迫られ、しばしばジレンマにおちいる。支援には唯一の答えはない。しかし、たとえ暫定的であれ、方向性を示さなければ、すぐに壁にぶつかる。そうして支援者がバーンアウトし、支援の継続が危うくなる。このようなことを避けるためには、ジレンマへの対処を学ぶ必要性は大きいといえる。ジレンマには、支援者自身の価値観と社会福祉士の倫理とのジレンマ、支援者と他の専門職とのジレンマ、支援者と所属する組織とのジレンマ等が考えられる。もっとも意識されやすいのは、利用者や家族と支援者との倫理観・価値観の差異から引き起こされる倫理的ジレンマである。したがって、自分にどのような価値観があり、それが社会福祉士の倫理と一致しているのかどうか常に自己点検を行わなければならない。そのためには、個人に対するスーパービジョンだけでなく、演習グループを活用するピアスーパービジョンも力をもつ。しかしながら、ジレンマは、倫理観や価値観の差異から生じる葛藤を解決すれば十分というわけではなく、同時にシステムそのものに働きかける必要がある。演習では、グループメンバーの知恵を結集させ、システムに直接働きかけて改善を促す方法を学ぶ。

社会福祉士を目指す履修生は、資格取得後にそれぞれ職能団体に属することになろう。その前にまずは個々の立場から、演習グループメンバーの一人として、こうした方法を学ぶことは演習終盤の大きな目標といえる。

第3章
相談援助演習という形態の学び

1.「相談援助演習」という学習形態

　演習が科目学習と異なるのは、履修生は受け身ではいられないということにある。演習は**図1-1**(p.8)でみたように、科目学習を統合して、専門的言動として表出（技術）する訓練であり、学習だからである。そのため、小集団で学ぶというように、学習形態も科目学習とは異なる。それらの例をあげると、グループメンバーが力を出し合って学ぶグループダイナミックスの活用、ロールプレイ、ビネットの利用、実習（実践）で体験した事例検討・研究などがある。

　本章では、ソーシャルワーク実践の基盤ともいえる対人支援に焦点をあてて、これらのいくつかの形態をあげ、どのように学ぶのかをみていこう。

2. グループダイナミックスの活用

　演習は、一人、図書館で本と向き合い、その本から多くの知識を得て、いろいろな考えをめぐらせているという場面とは異なる。一般的には、演習は複数の、ときには多くの人とともに、グループのなかで「一緒に」行われるものである。

　ここでいうグループとは、『ソーシャル・グループ・ワーク』[21]を書いたG.コノプカが述べているように、場所と時を、たまたま同じくする「人のあつまり」とは異なる。その「人のあつまり」において、まず「共通の目標」を互いに共有し、そこに相互関係が見出され、そのグループ特有の対人関係がつくられていくことを意味している。

　考えてみると、「相談援助」とは、二人、あるいは複数の人との間の「相互関係」であり、そこに「対人関係」ができ上がり、ときにはソーシャルワーカーにより意識的、専門的につくり上げていくものである。そこで、「相談援助」についての学習とは、その相互関係や対人関係についての「知識を得る」だけではなく、その演習グループのなかで「体験する」ことができるということでもある。お互いの「考え」についての相互のやりとりだけではなく、とくにF.P.バイスティックが『ケースワークの原則』[22]のなかで強調しているように、人の「気持ち」の交流と、その体験が大きな意味をもつことになる。そのグループ体験において、各メンバーが変化するとともに、グループそのものが変化する。最初の「人のあつまり」から「グループ」へと発展し、その過程は、大きくダイナミックに変化することになる。グループのまとまりが増し、メンバー間の対人関係が深まっていくかもしれない。ひょっとすると、グループのなかのある人々から反発が起き、対決が生じて、新たな展開とともにそのグループとしての「成長」が起こるかもしれないし、あるいは「中断」が生じる

---

21) G.コノプカ、前田ケイ訳『ソーシャル・グループ・ワーク：援助の過程』（全国社会福祉協議会、1967）
22) F.P.バイスティック、田代不二男・村越芳男訳『ケースワークの原則』（誠信書房、1965）

かもしれない。いずれにしろ、演習の「グループ体験」を通して、そこに「グループダイナミックス」を体験することが可能であり、人々の相互関係と対人関係についての重要な学習方法でもある。

3. ロールプレイの活用

　ここでは、相談援助を「ソーシャルワーク実践」として捉えておこう。ソーシャルワーク実践は、もちろん「現場」において行われるものである。その多くは時、場所、対象が多種多様であり、複雑である。ときに「混乱」し、「混沌」としていることもある。「危機」におちいることや、あるいはスムーズに「解決」することもあるだろう。その複雑かつ多様な場面に現場で対応できる専門性を身につけるために、あらかじめその現場を想定してリハーサルをしておくことが大切である。

（1）「人を理解する」ための面接の意味と方法

　「人を理解する」ということは、専門職としてのソーシャルワーカーが、利用者との「相談」を通して行うことを、ここでは想定する。その「相談」の場を、一般的に「面接」という。大きく分けて、「構造化された面接」と「構造化されていない面接」が考えられる。

①構造化された面接

　「構造化された面接」とは、「あらかじめ〈場所〉と〈時間〉が決められている相談」と定義しておく。「相談室で午前10時から始めましょう。相談時間は1時間です」とあらかじめ約束している場合である。一対一の対面法による会話（言語的コミュニケーション）が主体となるが、ここに複数の人との合同面接や家族面接、また利用者だけではなく他の専門職を対象とした面接も含まれる。一対一の対面法の概略を示すと**図1-7**のようになる。

②構造化されていない面接

　「構造化されていない面接」とは、「あらかじめ〈場所〉と〈時間〉が決められていない相談」と定義しておく。この場面、あの場面といった、その場その場での相談という意味で、「場面面接」と呼ばれることがある。例えば、施設の廊下での突然の話し合いや、病室での患者からの相談、関係機関からの電話への応対といった、〈場所〉と〈時間〉による制約を受けない相談を意味する。またときに、家庭訪問としてソーシャルワーカーが、利用者の家庭や地域におもむく必要が生じる。このようなアプローチをリーチ・アウトあるいはアウト・リーチと呼ぶ。ここでは、「車いすを押しながらの相談」の場面を、構造化されていない面接の例として概略を示す(**図1-8**)。

　ここで注意しなければならないことは、「人を理解する」ために、「構造化された面接」のほうが、「構造化されていない面接」より優れている、専門的である、と考えることではない。いわゆる「構造化されていない面接」のほうが、より高い専門技術を必要とすることがある。両方を、ソーシャルワーカーは意識的に、また、専門的に対応しなければならない。

　現実のソーシャルワーク実践においては、「構造化された面接」を行うための〈場所〉と〈時間〉と

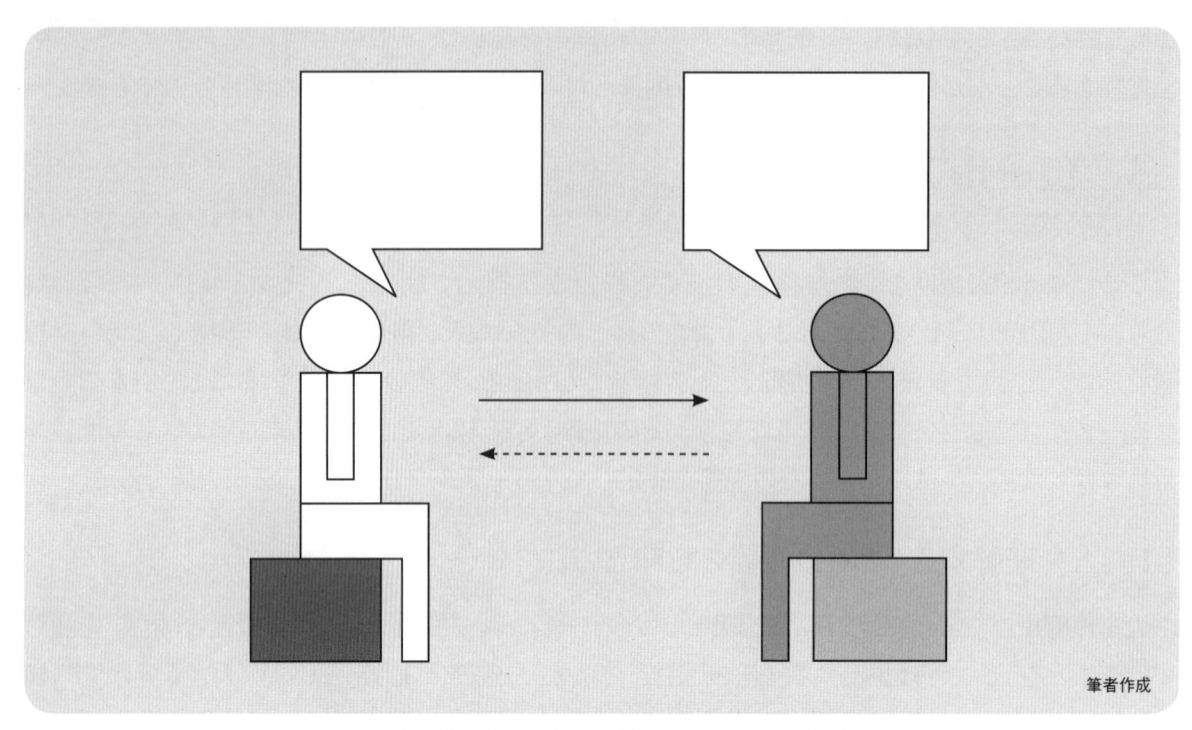

図1-7 「人を理解する」ための「構造化された面接」

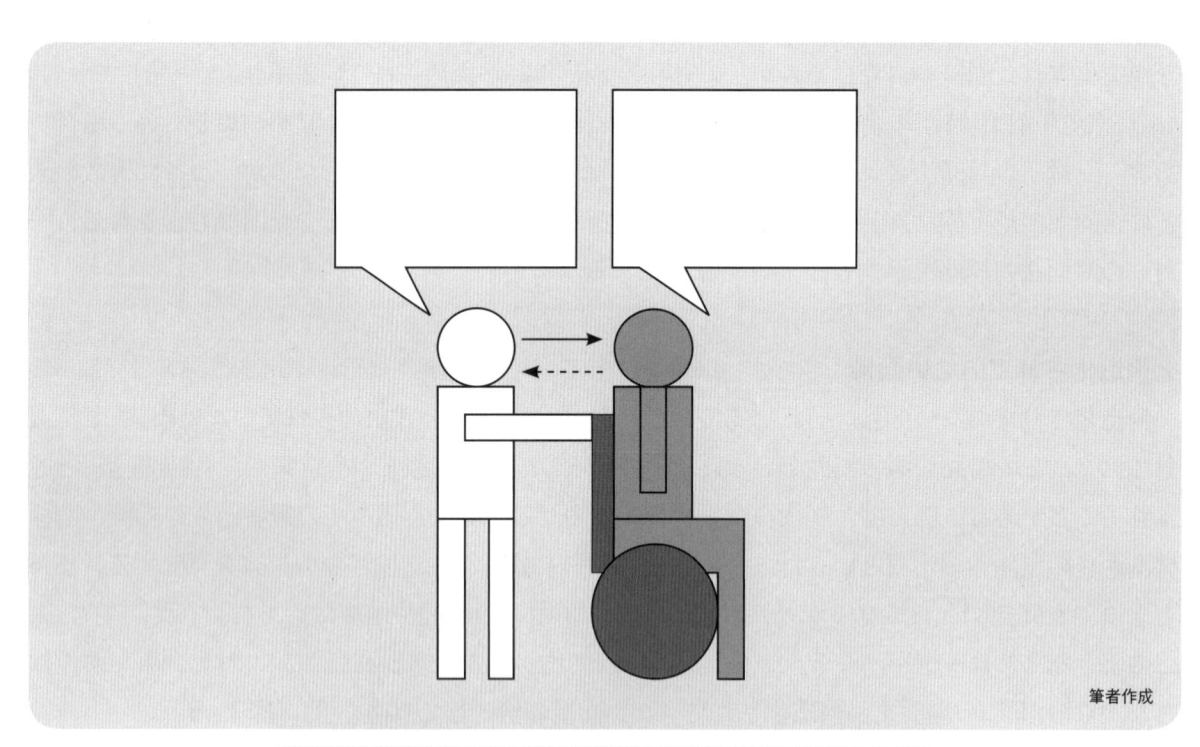

図1-8 「人を理解する」ための「構造化されていない面接」

なる「相談室」や「面接室」がどこにでも整備され、定期面接や集中面接などの十分な時間がいつも用意されているわけではない。ソーシャルワーカーは、「構造化された面接」とともに、「構造化されていない面接」を意識的、専門的に駆使することが、専門職としてのソーシャルワーク実践のなかで求められる。そのために、ソーシャルワーク教育において、ソーシャルワーク実践の「相談」を体験し、技術を習得するための一つの方法としての「演習」がある。

演習のなかで、ソーシャルワーカーや利用者を演じ、「相談ロールプレイ」を行うことがある。演習のなかで行われるロールプレイは、相談形態として「構造化された面接」が設定されることが多い。これは「構造化された面接」として演習を行うほうが、「人を理解する」ための相談に関する理論や技術を説明、習得しやすいからであろう。あくまで演習を行うための基本形として理解し、実習の場や現実のソーシャルワーク実践において、「人を理解する」ための「構造化されていない面接」に応用することが求められる。

（2）ロールプレイによる演習例：「構造化された面接」を設定して

①演習例1：「人の気持ちを理解する」ということ

ここでは、先に説明した「人を理解する」ための「構造化された面接」を設定する（図1-9）。

■課題1

あなたはソーシャルワーカー（図中左の人物）である。利用者（図中右の人物）が「私はお金がありません。今、とても不安です」と言う。ソーシャルワーカーであるあなたは、どのように対応するか。

図中の空白部分に、思いつくまま言葉を書いてみよう。正解があるわけではない。演習のための"あそび"と考えて、肩の力を抜いて自由に書けばよい。

■課題2

クラスのなかの全員が二人で一つのペアとなる。隣り合っている者同士でもよい。次に、このペアになった二人でジャンケンをして勝った者を「ソーシャルワーカー」とし、負けた者を「利用者」とする。そして、きちんと向き合い、まず利用者になった人は「私はお金がありません。今、とても不安です」と相談を開始する。それに対してソーシャルワーカーは、その利用者の相談にのる。最初から相談（ロールプレイ）時間を決めておく。後に検討する時間を設けることを考えると、あまり長い時間ではなく5分から10分程度が望ましい。その時間が過ぎたら、役を交替し、同じ時間だけロールプレイを行う。

役を交替するのは、ソーシャルワーカー役と利用者役の双方を体験することにより、「相談を受ける者」と「相談する者」とのロールプレイにおける体験を比較できるからである。

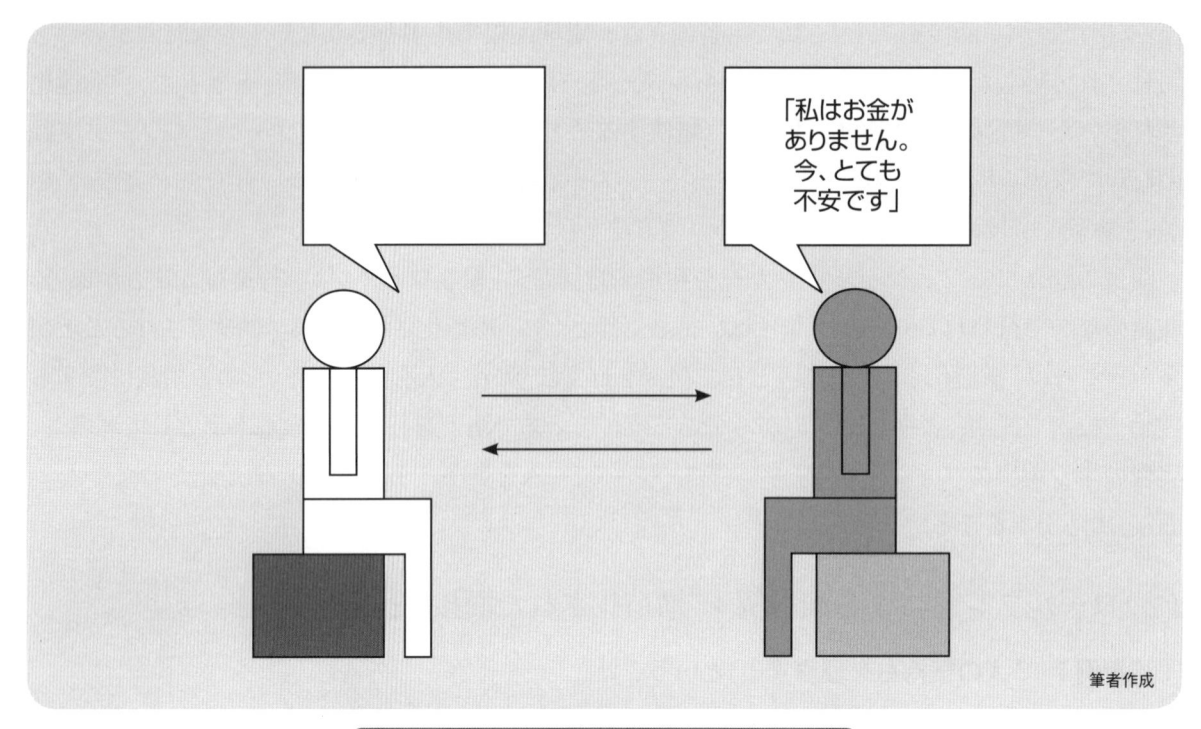

第Ⅰ部 相談援助演習でソーシャルワークを学ぶ

図1-9 演習例1：人の気持ちを理解する

（吹き出し右）「私はお金がありません。今、とても不安です」

筆者作成

■課題3

ソーシャルワーカーと利用者をそれぞれ体験したあと、もう一度クラス全体に戻り、全体で、その体験について自由に議論する。

②演習例1の対応例

図1-9を利用者とソーシャルワーカーの会話形式で記述すると次のようになる。

> **利用者**　「私はお金がありません。今、とても不安です」
> **ソーシャルワーカー**　「　　　　　　　　　　　　　　　　　　　」

利用者の言ったことに対して、ソーシャルワーカーは専門職として応答する必要がある。ここでまず「私はどのように利用者に対応するか」と自問した内容をソーシャルワーカーの対応である空白部分に書き出してみよう。

さて、ソーシャルワークの専門職として応答の仕方や関わり方に理論やモデルがあるのだろうか。例として、二人のソーシャルワーカーA、Bの対応の仕方を少し大げさに書き出してみるので一緒に考えてみたい。

> **利用者**　「私はお金がありません。今、とても不安です」
> **ソーシャルワーカーA**　「どうしてお金がなくなったのですか？」（質問）
> **利用者**　「……（黙って下を向いている）」

28　●ソーシャルワーク実践へのいざない Ⅱ

> **ソーシャルワーカーA**　「今、どれだけお金が残っていますか？」(質問)
> 　　　　　　　　　　　「ダメじゃないですか。節約しないからですよ」(評価)
> 　　　　　　　　　　　「福祉事務所にでも相談に行かれたらどうでしょう」(助言)

次に、ソーシャルワーカーBは、次のように応答した。

> **利用者**　「私はお金がありません。今、とても不安です」
> **ソーシャルワーカーB**　「今、とても不安に感じているのですね」(共感)
> **利用者**　「はい……」
> **ソーシャルワーカーB**　「……(黙ってうなずく)」(共感)

ソーシャルワーカーA、Bの応答の仕方は明らかに異なる。また、ソーシャルワーカーの応答の仕方に応じて、利用者の反応も異なることを確認した。これら二つの会話における利用者とソーシャルワーカーの相互関係を分析してみよう。

③利用者とソーシャルワーカーの相互関係

　利用者は「私はお金がありません。今、とても不安です」と話し始めた。その利用者に対して、ソーシャルワーカーAは「どうしてお金がなくなったのですか？」と質問し、ソーシャルワーカーBは「今、とても不安に感じているのですね」と共感した。この二人のソーシャルワーカーの応答に対し、利用者はそれぞれ異なる応答を示した。二人の応答の仕方は、どこがどのように違っていたのであろうか。

　ソーシャルワーカーの応答の仕方においては、専門職としての「専門理論」と「専門技術」がなければならない。例えば、医師は患者から話を聞き、それを重要な材料として患者の病気を診断し、その治療としてAあるいはBという薬を処方するとする。この場合、もし医師がAではなくBという薬を処方するならば、その応答の根拠となる専門職としての専門理論と専門技術があるはずである。

　ではまず、利用者がソーシャルワーカーに語った言葉を詳しく分析してみよう。利用者が語った言葉は、二つの部分から成り立っている。

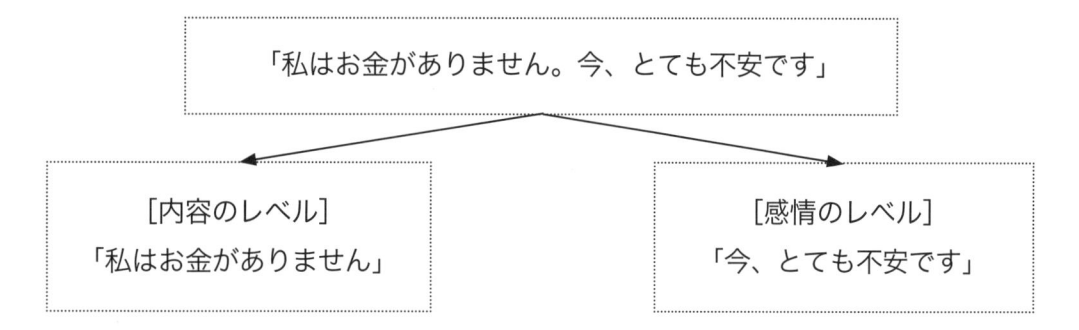

```
          ┌──────────────────────────────┐
          │「私はお金がありません。今、とても不安です」│
          └──────────────────────────────┘
              ↙                           ↘
┌──────────────┐              ┌──────────────┐
│ [内容のレベル]   │              │ [感情のレベル]   │
│「私はお金がありません」│              │「今、とても不安です」│
└──────────────┘              └──────────────┘
```

第 I 部　相談援助演習でソーシャルワークを学ぶ

　第一の文章は「お金がない」という相手に伝えたい内容やメッセージを含んでいる。第二の文章は、そのときその人が感じた気持ちや感情を伝えている。ここでは、前者を言語の「内容のレベル」、後者を「感情のレベル」とする。前者は事実や思考を伝え、価値中立的であり、後者は、好き・嫌い、良い・悪いといった価値評価的な表現である。後者は、ときに前者の話のなかに含まれ、言語化されないことがある。例えば、小さな声で弱々しく話したり、大声で怒鳴ったりといった言葉の強弱やイントネーション、話す態度といった非言語（ノン・バーバル）的手段によって相手に示され、伝えられることがある。会話においては、その一つひとつの言葉によって、両方のレベルを同時に相手に伝えることができるのである。

　次に、ソーシャルワーカーの言葉を分析してみよう。ソーシャルワーカーAは「私はお金がありません」という内容のレベルに応答し、「どうしてお金がなくなったのですか？」と応答した。これに対し、ソーシャルワーカーBは後者の「今、とても不安です」という感情のレベルに応答し、「今、とても不安に感じているのですね」と応答した。

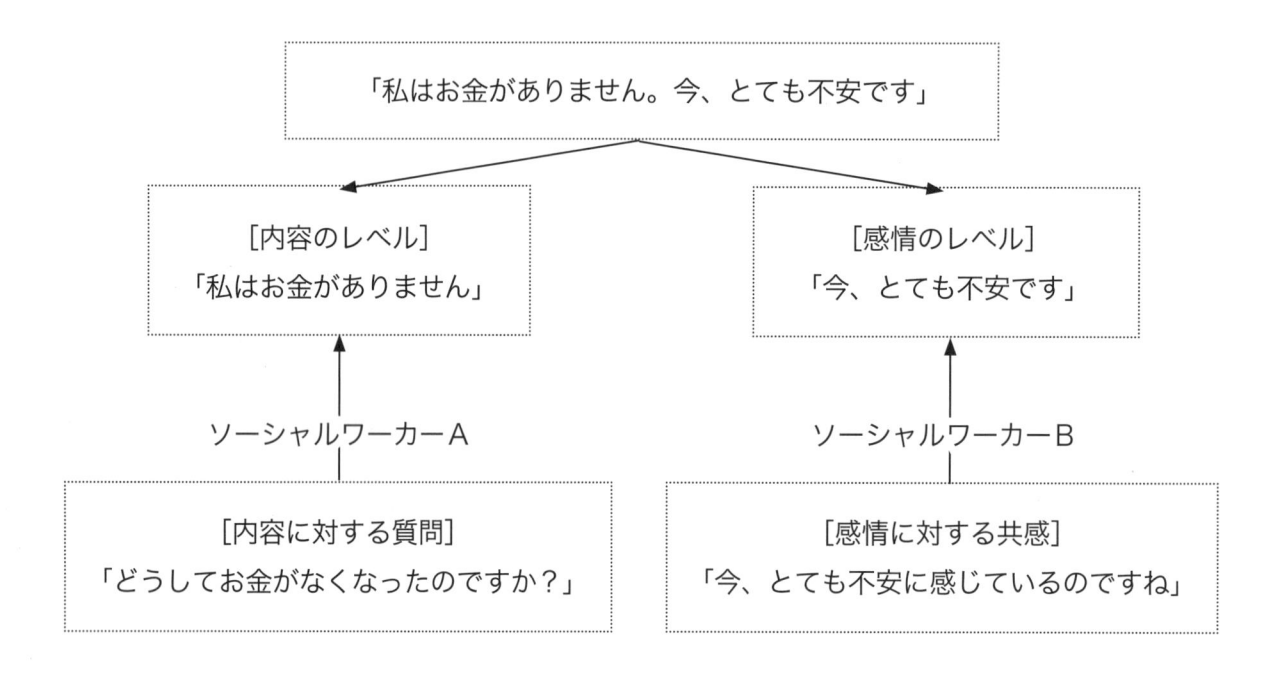

```
           「私はお金がありません。今、とても不安です」
              ↙                              ↘
    [内容のレベル]                       [感情のレベル]
    「私はお金がありません」              「今、とても不安です」
           ↑                                  ↑
    ソーシャルワーカーA                  ソーシャルワーカーB

    [内容に対する質問]                   [感情に対する共感]
    「どうしてお金がなくなったのですか？」 「今、とても不安に感じているのですね」
```

④演習例2：「人（利用者）を理解する」ための面接

■課題1

　あなたはソーシャルワーカーである。利用者が次のように言った場合、「人を理解する」する演習として、どのように応答するか。図中の空白部分に書き込みなさい（**図1-10**）。

■課題2

　あなたはどのように応答したか。他の人の応答と比べながら議論しよう。

図1-10「ソーシャルワーカー(私)」と「利用者」

⑤演習例2の解説

ソーシャルワーカーは、「利用者を理解する」ために、利用者の話した「内容」と「感情」に応答することができる。

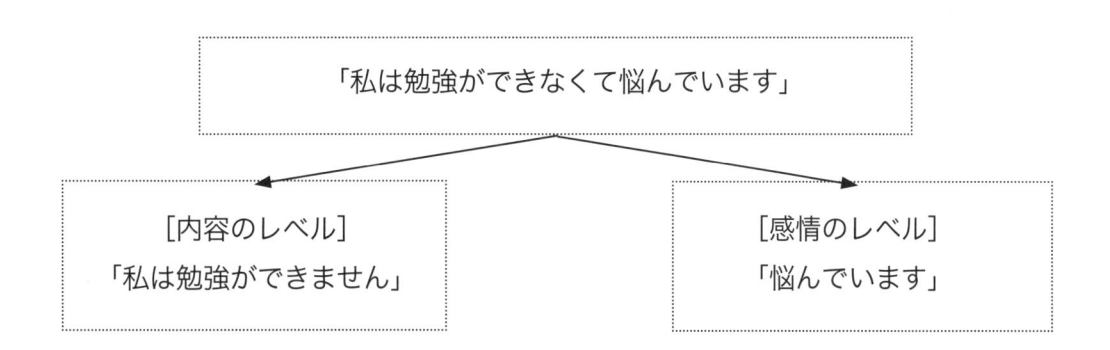

```
            「私は勉強ができなくて悩んでいます」
           ↙                              ↘
   [内容のレベル]                      [感情のレベル]
   「私は勉強ができません」              「悩んでいます」
```

ソーシャルワーカーとしての応答は千差万別であろうが、ここでは例としてソーシャルワーカーの四つの応答を示し、三つについて解説を加える。

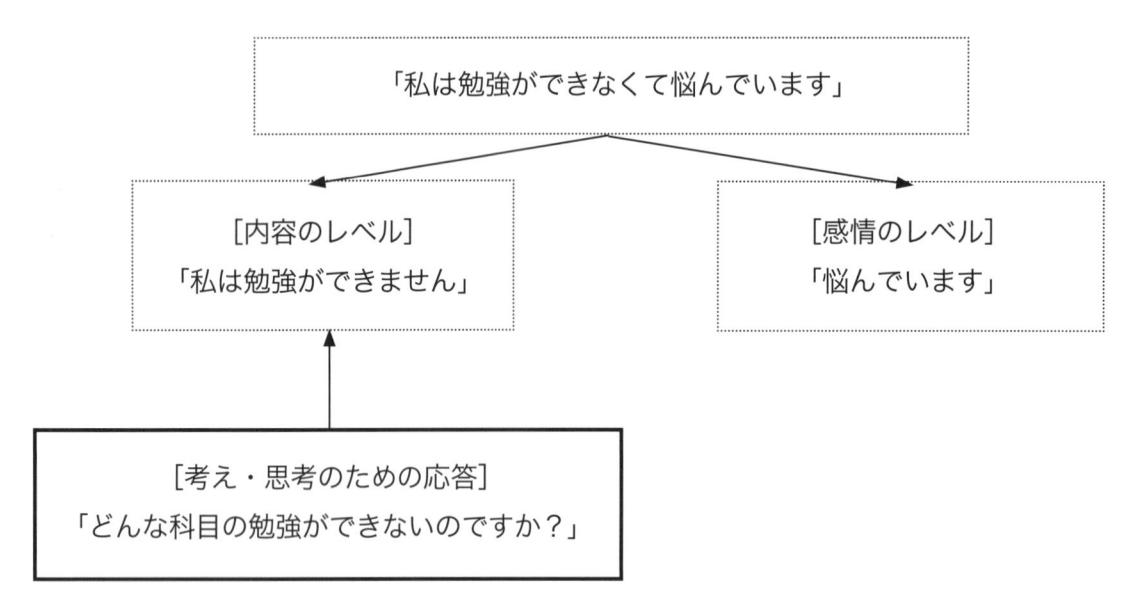

第Ⅰ部 相談援助演習でソーシャルワークを学ぶ

```
          「私は勉強ができなくて悩んでいます」
              ↓                    ↓
      [内容のレベル]           [感情のレベル]
    「私は勉強ができません」      「悩んでいます」
              ↑
    [考え・思考のための応答]
  「どんな科目の勉強ができないのですか？」
```

ソーシャルワーカーAの応答：「私は勉強ができません」という利用者の「現在」を理解するために、利用者の話した内容にソーシャルワーカーは応答し、「どんな科目の勉強ができないのですか？」と質問した。

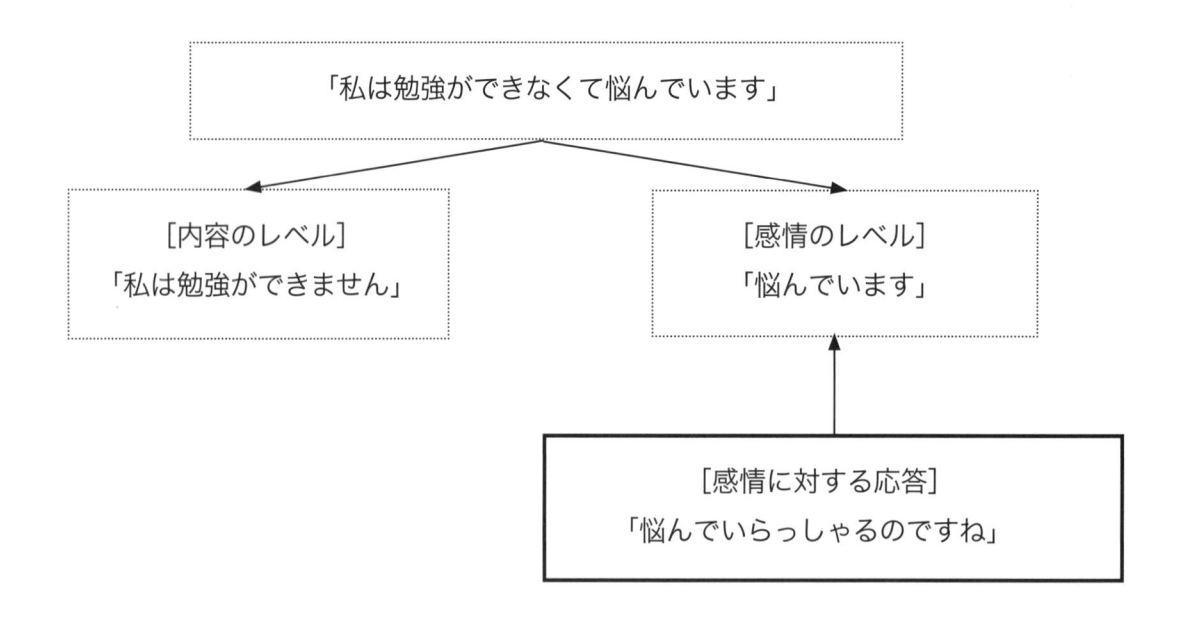

```
          「私は勉強ができなくて悩んでいます」
              ↓                    ↓
      [内容のレベル]           [感情のレベル]
    「私は勉強ができません」      「悩んでいます」
                                    ↑
                          [感情に対する応答]
                        「悩んでいらっしゃるのですね」
```

ソーシャルワーカーBの応答：利用者の感情表現である「悩んでいます」という利用者の「現在の感情」を理解しようとして、ソーシャルワーカーは「悩んでいらっしゃるのですね」と共感を示した。

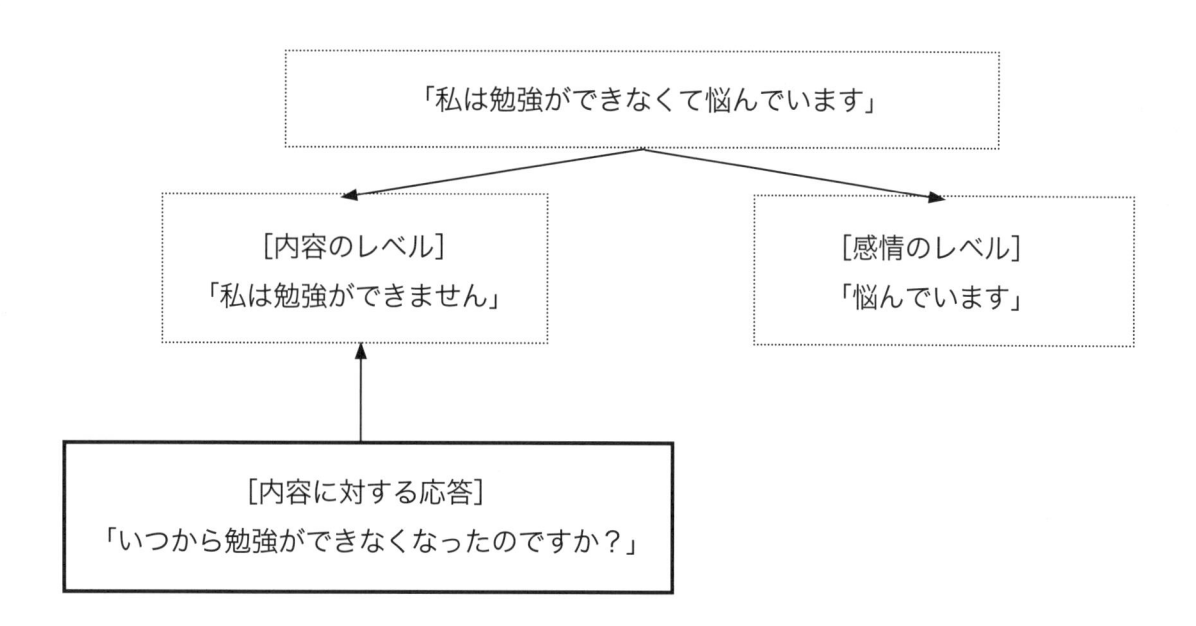

```
        ┌─────────────────────────────────┐
        │「私は勉強ができなくて悩んでいます」│
        └─────────────────────────────────┘
             ↙                    ↘
┌──────────────────┐        ┌──────────────────┐
│ ［内容のレベル］  │        │ ［感情のレベル］  │
│「私は勉強ができません」│   │「悩んでいます」   │
└──────────────────┘        └──────────────────┘
        ↑
┌────────────────────────────────┐
│ ［内容に対する応答］            │
│「いつから勉強ができなくなったのですか？」│
└────────────────────────────────┘
```

ソーシャルワーカーCの応答：利用者の「過去」を理解するために、「私は勉強ができません」という利用者の話の内容に応答し、「いつから勉強ができなくなったのですか？」と、利用者の過去について質問した。

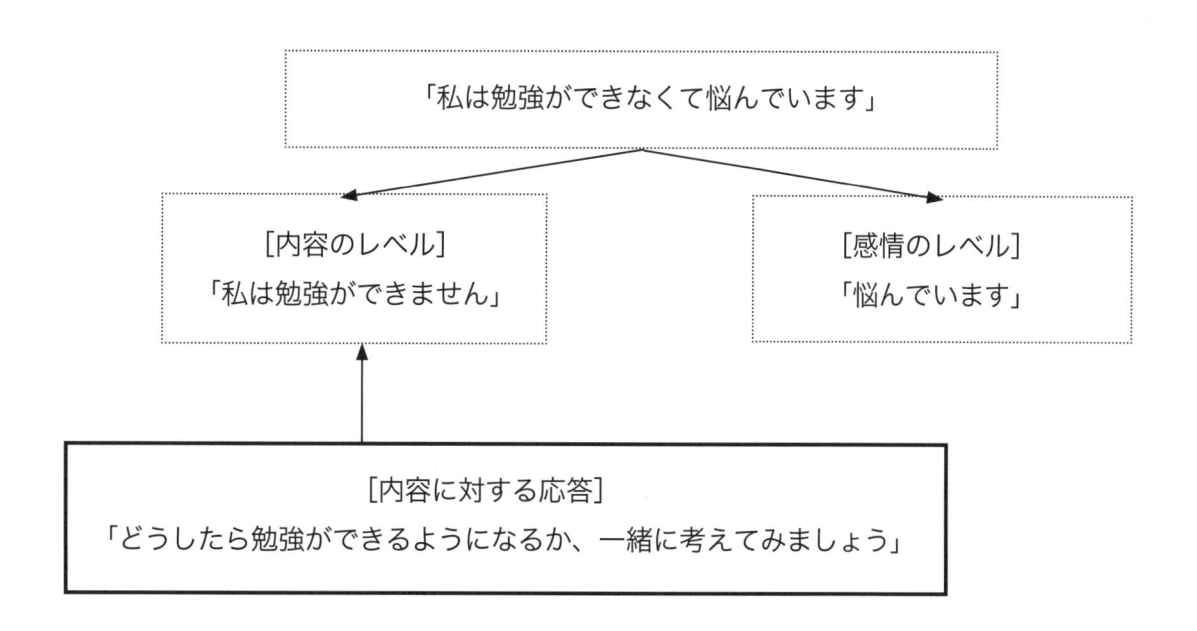

```
        ┌─────────────────────────────────┐
        │「私は勉強ができなくて悩んでいます」│
        └─────────────────────────────────┘
             ↙                    ↘
┌──────────────────┐        ┌──────────────────┐
│ ［内容のレベル］  │        │ ［感情のレベル］  │
│「私は勉強ができません」│   │「悩んでいます」   │
└──────────────────┘        └──────────────────┘
        ↑
┌────────────────────────────────────────┐
│ ［内容に対する応答］                    │
│「どうしたら勉強ができるようになるか、一緒に考えてみましょう」│
└────────────────────────────────────────┘
```

ソーシャルワーカーDの応答：みなさんで解説を考えてみよう。

4. ビネット[23]の利用による相談援助演習例

（1）診断主義ケースワークにあてはめて

　演習においては、事例をソーシャルワークの特定のアプローチにあてはめて、分析したり、支援の方法を考える訓練をする場合がある。演習例3として、診断主義ケースワークの理論をベースに、事例を小場面ごとに分けて分析をしてみることにする。

①演習例3：久保田さん（「診断主義ケースワーク」）

　フローレンス・ホリス[24]は、ケースワーク実践における利用者自身による「幼児期体験の理解」が必要とされる具体例があげられている。フラー氏の例として紹介されているが、ここでは名前を久保田さんとして、以下に示す。

場面1：久保田さんは、社長の過剰な要求について長々とソーシャルワーカーに文句を言い、仕事に多くの時間を取り過ぎていると不満を言う妻の寛容のなさについて話し、社長の愚かさや気まぐれについて数え切れないほどの例があると主張し、それらを何度もくり返し話した。

場面2：「好きでもない人のために、なぜそんなに一生懸命働くのですか」というソーシャルワーカーの質問に対して、久保田さんは「父親によってくり返し教え込まれた仕事に対する考え方のなかに、その原因があると考えられる」と言った。思春期に一緒に働いたことのある久保田さんの父親は、自分の息子に質の高い業績を期待する完全主義者であったという。久保田さんは「父親からの批判を恐れ、普通以上の仕事を仕上げようとがんばることで、その批判を避けるよう励んだ」と話した。

場面3：この話し合いの結果、久保田さんは、父親のもっていた基準や考え方について、より客観的に考えられるようになり、一人の大人として、より現実的で自分自身に見合った規律をもつべきことを理解するようになった。

場面4：さらなる話し合いにより、父親に対する両面価値性（ambivalence）が明らかになってきた。父親の絶大なる強さと賢明さについて話すかと思うと、久保田さんの仕事上の失敗をひどくけなす父親について話すといった具合に、久保田さんの父親についての話は大きく揺らいだ。家族を統制したのは父親であったと思うと話す一方で、実は母親が支配していたとも話した。父親は久保田さんをさげすんでいたと話し、久保田さんを支配し、久保田さんが提供した家業の改善に関するアイデアを取り上げてくれなかったという話もあった。最後に「年取った父親を多くの面で尊敬するが、ときに、その父親のすべてを憎むことがある」と、久保田さんは吐き出すように語った。

場面5：その結果、久保田さんと社長との間でくり返される関係のありようは、父親との関係がおき換えられたものとして理解されるようになった。

場面6：社長に対する久保田さんのけんか腰の行動は、父親に対する抑圧された怒りの一部

---

[23] 短い例文を提示し、回答してもらう調査方法。
[24] Florence Hollis (1939). Social Case Work in Practice, Case records of treatment, New York Family Welfare Association of America.

が現れてきたものであろう。また、ある部分では、父親の指示を完璧あるいはそれ以上に成し遂げられる仕事人であろうとすることで、久保田さんは、父親にとって自分は理想的で愛されるべき息子であることを証明しようとしていたようである。

■課題1
　以上のビネットを読んで、各場面におけるソーシャルワーカーによる「ケースワーク診断」と「ケースワーク治療」について、自分の解釈を書いてみること。

■課題2
　「診断主義ケースワーク」について、クラス全員で議論してみよう。

■課題3
　解説を読んだ後に、もう一度クラス全員で「診断主義ケースワーク」について議論しなさい。

演習例3の解説

「診断主義ケースワーク」の視点から、ビネットの解釈を場面ごとに説明していくと、次のようになるであろう。

場面1で明らかになった久保田さんの不平不満に対して、ソーシャルワーカーからの質問（**場面2**）があり、これをきっかけに久保田さんは幼児体験の理解を進めていくことになる。

原資料では、場面2に続けて「それと同時に、非常識な社長からの批判に対して、久保田さんは激しい怒りを顕にした」ことが述べられている。久保田さんの「幼児期体験の理解」を進めていけるよう、ソーシャルワーカーが適切に働きかけることにより、久保田さんは、**場面3**における自己洞察を進めていく。さらにソーシャルワーカーからの働きかけが続く。

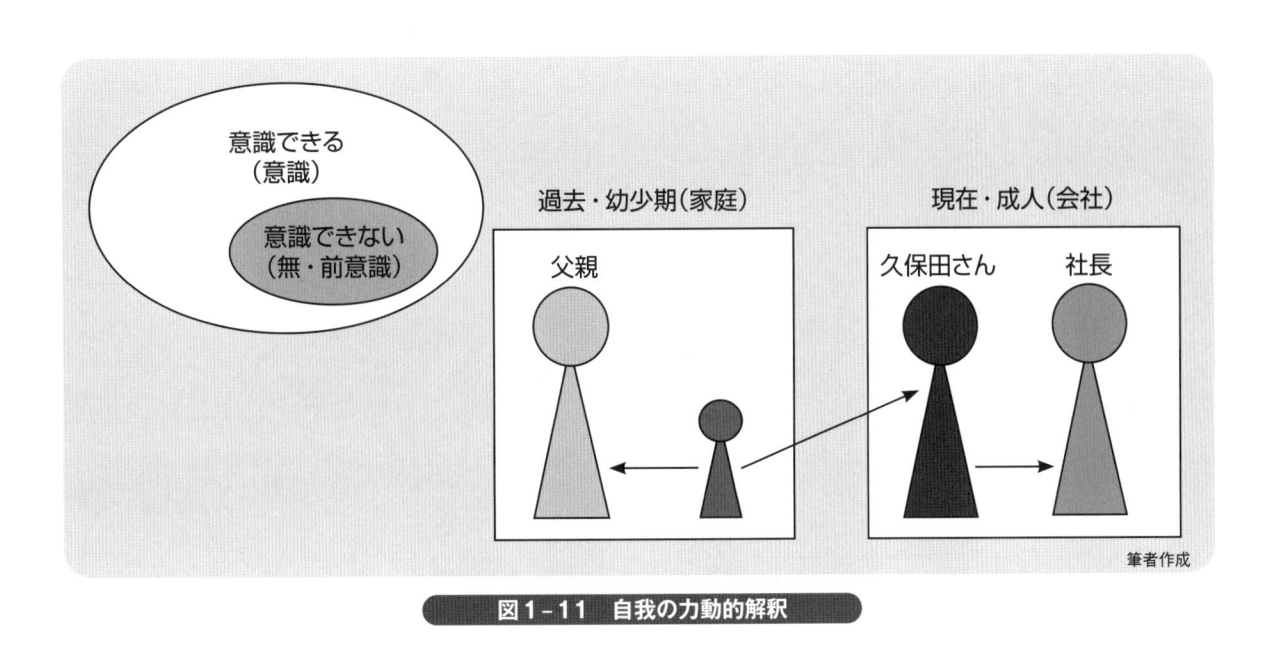

図1-11　自我の力動的解釈

こうして「幼児体験の理解」を促すソーシャルワーカーの働きかけを通して、久保田さんは、過去の幼児期からの父親との関係と、現在の職場の社長とのうまくいかない関係とを関連づけることができるようになっていく(**場面4**)。続いて、ホリスは久保田さんの内面で何か起きたのか、その自我の「力動的解釈」を行っている(**図1-11**)。

　場面6で述べられていることは、久保田さんは、自分が小さいときから父親に対して抱いていた抑圧された怒りを社長にぶつけ、また理想的で愛されるべき人として見られたいために、仕事に完璧であろうとした。ソーシャルワーカーの働きかけにより、久保田さんは無意識のうちに、それらのために一生懸命ふるまっていたことに、自ら気がつくことができた。その結果、「彼は、仕事においてより現実的に対処できるようになり、より多くの実りを得て、そして要求がましくなくなってきた」ということをホリスは述べている。

第4章
実習前・実習後の相談援助演習

1. 授業活用のためのマネジメント：アイデンティティの形成に向けて

　北川らが、「ソーシャルワーカー・アイデンティティの形成を促す初期的な経験の機会になることを企図して授業の展開を図ることになる」[25]と述べている通り、授業にはソーシャルワーカーのアイデンティティを育む要素となる実習(実践)を素材にする必要がある。そこでここでは、「価値と倫理を基盤にしたソーシャルワーカーのアイデンティティを自己に取り込む」ことを授業の目標と考える(**図1-12**)。

　しかし、実習(実践)への関心や経験の有無により、授業開始期に履修生がもつソーシャルワーカーのイメージは大きく異なる。したがって、履修生は、ソーシャルワーカーのアイデンティティを自己に取り込む進捗状況には差異があることを認識しておかなければならない。なぜならば、その違いを受け入れることこそが、目標に向かう授業のプロセスにおいて、自らの目標を定める手がかりとなるからである。

　このことをふまえ、授業の目標を達成するために、履修生が果たすべき役割について、「目標

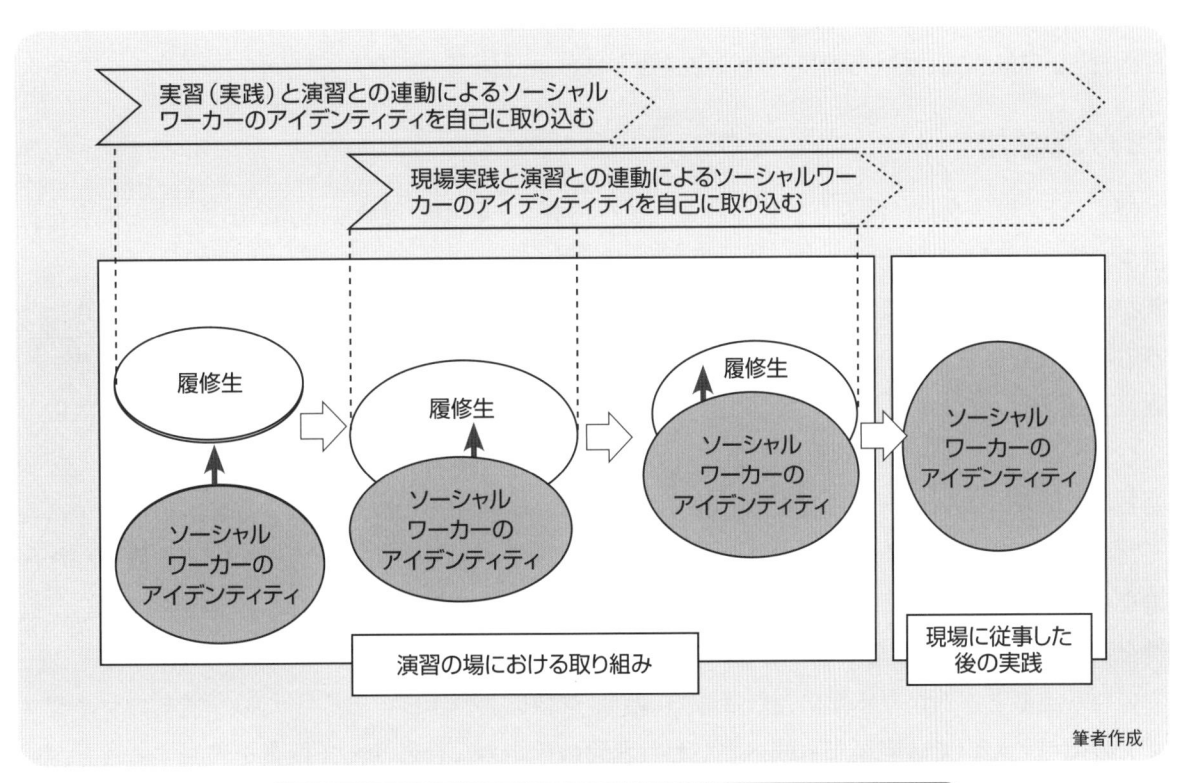

図1-12　ソーシャルワーカーのアイデンティティ形成の過程

筆者作成

---

25) 北川清一・松岡敦子・村田典子『演習形式によるクリティカル・ソーシャルワークの学び』(中央法規出版、2007) p.14, 23, 38, 74

管理」、「人の活用」、「情報管理」というマネジメントの視点から述べる。

（1）目標管理

　最大の利点は、自らの仕事を自らマネジメントできるようになることである[26]というドラッカーの目標管理の考え方に基づく授業を実施するのであれば、履修生は、その利点を活かすことが前提となる。そのためには、履修生は、目標を手段に、その目標に照らして、自らの仕事ぶりと成果を評価できなければならない[26]。つまり、履修生は手段となる目標をもち、自らと自らの取り組みを方向づける能力を示さなければならない。また、ここでいう目標を、自らの属する部門への貢献によって規定しなければならない[26]とするならば、履修生がもつ目標は、授業の目標「価値と倫理を基盤にしたソーシャルワーカーのアイデンティティを自己に取り込む」ことに貢献するものでなければならない。

　この考え方によると、履修生はまず、授業の開始期に自己の特徴とソーシャルワーカーのイメージとの違いを受け入れ、その差異を縮めるための手段となる自らの目標を設定する。そして、授業を通して、課題に取り組む・振り返る・自己に取り込む・気づき、という自己覚知への自らの取り組み状況について、目標との照合から自己管理する（図1-13）。

　このように、履修生は、授業が自らの目標を達成するための取り組みの場であることを認識したうえで、課題に取り組むことが重要となる。

　しかし一方で、北川らが「社会福祉の理論を体系的に学び、それを実践方法の知識や技術に結びつける作業は、学ぶ側にソーシャルワーカーを志向する明確なモチベーションと高い思考能力がない限り、必ずしも容易でない」[25]と指摘している通りであり、履修生自身による目標設定と目標管理に対して演習担当教員の介入が必要とされよう。

（2）人の活用

　授業は、「現実を見て関わり、利用者と支援を理解し、目標を達成する」ために、場と機会を提供する構造（図1-14）となっている必要がある。

　しかし、履修生が授業の課題に取り組む際、現場実践や社会経験によって培われた枠組みによる思考が先行してしまい、現実を深く追求できず、一般論で終始してしまうことが多々ある。一般論を超えて、「価値と倫理を基盤にしたソーシャルワーカーのアイデンティティを自己に取り込む」ためには、その日常的な体験から得られた常識的な知識をいったんは捨て去る[27]ことが必要となる。なぜならば、利用者を取り巻く現実には、履修生らの経験値による理解をはるかに超えた重みがあるからである。つまり、各自の経験値を手がかりにするのではなく、蓄積された理論を手がかりとして、その理論の枠組みから、「現実を見て関わり、利用者と支援を理解し、目標を達成する」場と機会を活かす必要がある。

　いいかえると、適正な水準に合わせるのはマネジメントの仕事である[28]ため、授業のマネジメントの視点においては適正な水準、すなわち理論の枠組みに合わせて、授業を実施することが前提となる。

---

[26] P.F.ドラッカー、上田惇生訳『マネジメント［中］』（ダイヤモンド社、2008）p.81, 83, 84
　　ドラッカーは、「管理という言葉は、自らと自らの仕事を方向づける能力を意味する。しかし、人を支配する能力も意味する。目標は前者の意味での管理の手段でなければならない。後者の意味での管理のためのものであってはならない」、また、「目標は、自らの属する部門への貢献によって規定しなければならない」と、自らの自己管理能力を示す管理と、その手段となる目標について、目標管理における意味として規定した。

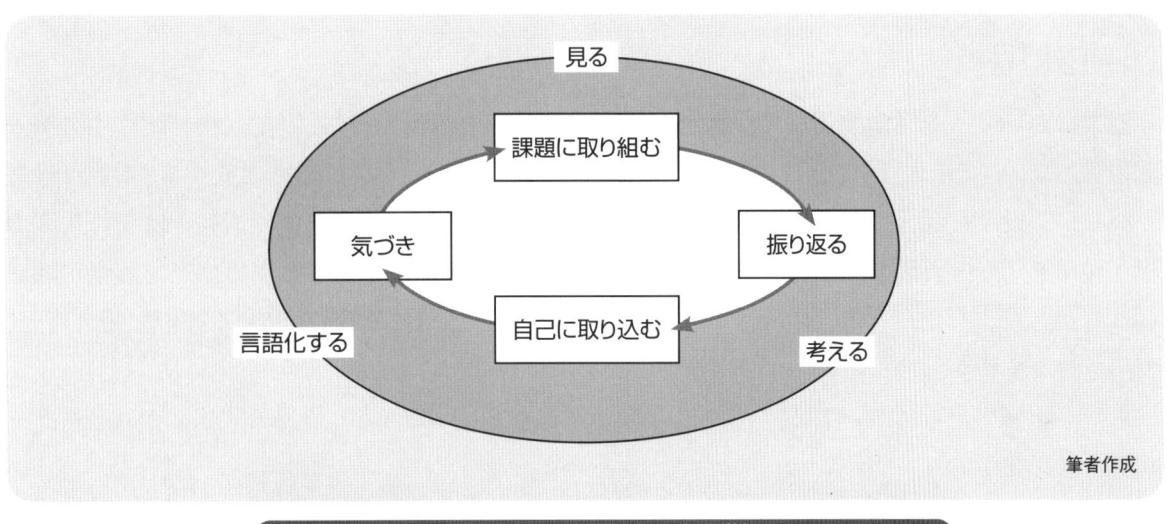

図1-13　演習による自己覚知

筆者作成

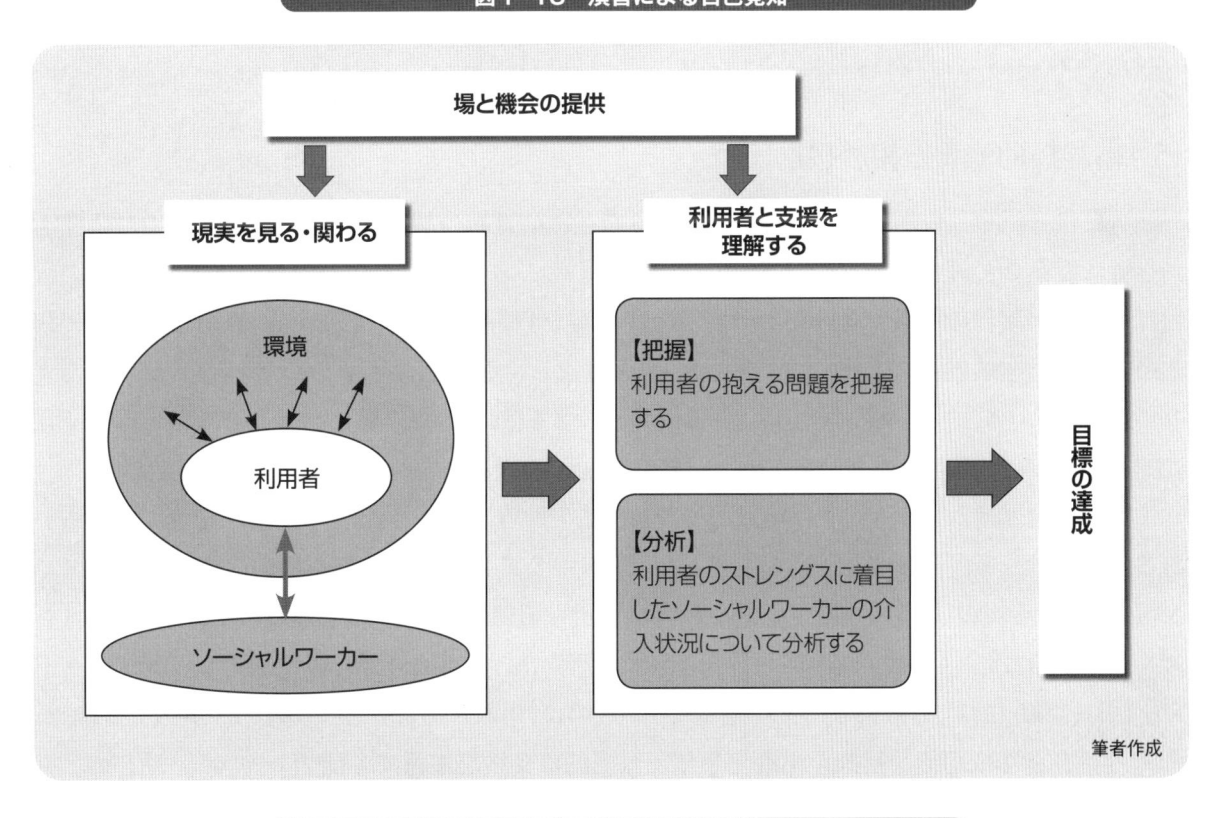

図1-14　演習の構造

筆者作成

　この演習の構造において、場と機会の提供を受けた履修生は、目標管理の役割を遂行することになる。具体的には、履修生および演習担当教員との双方向のコミュニケーションを活用し、課題に取り組む・振り返る・自己に取り込む・気づき、という流れを通して、多面的に事象を、見る・考える・言語化する(図1-13)体験を積み重ねることにより自己覚知を進め、実践的理解へと発展させる。
　このように、履修生は、履修生および演習担当教員との相互作用を活かしてこそ、目標の達成が促進することを認識したうえで、コミュニケーションを通して自己課題に取り組まなければならない。

---

27) 北川らは、「ソーシャルワーク実践に関するセルフ・イメージが、ソーシャルワークの大義と大きく乖離していたかもしれない自分の『現実』と向き合う契機にもなる」(同書 p.38)とし、「利用者が抱える生活の『現実』の重さと向き合い、一度はその重みに『立ちすくみ』『打ちのめされる』ような経験を得ることが必要」(同書 p.24)であると述べている。
28) 原井新介『キャリア・コンピテンシー・マネジメント』(日本経団連出版、2002) p.69,70

（3）情報管理

　授業において人を活かす過程で、表出される情報（実習先等における実在人物、履修生の個人情報等）については、「現実を見て関わり、利用者と支援を理解し、目標を達成する」重要な素材となるが、授業を超えて公表すべきことではない。なぜならば、ここで扱う情報とは履修生間の相互作用を活かした取り組みの成果とは異なり、もとのデータに相当する点では守秘義務が課せられるからだ。したがって、履修生は、そのときの状況に則して実名を伏せる等の配慮のもと、表出された情報が漏洩しないよう情報管理に努めなければならない。

　また、履修生自らについては、「今ここで開示可能な範囲」に留め、情報の表出によるリスクを回避する必要がある。

2．相談援助演習の意義 ——相談援助演習と相談援助実習——

（1）相談援助演習と相談援助実習

　演習には、物事に習熟するために練習を行うこと、演習担当教員の指導のもとに実地に研究活動を行う授業などの意味があり、「本番前に練習」することと、「演習担当教員の指導のもと」で行われることが演習の特徴だといえる。福山は、演習を「理論、方法、技術、価値の諸体系と実践体系との交互連鎖現象を実証する作業である」と定義し、その目的を「ソーシャルワーク理論および概念（技術・方法）を一極におき、ソーシャルワーク実践をもう一極におき、これら二極を交互に関連づけ、理論化と実践化を繰り返し、社会福祉学の発展に寄与すること」と説明している[29]。

　また、実習とは、履修生が現場実践に身をおくことで専門家としての「実践力」を育てる方法である。福山は、専門家養成のための実習とは「個人が公式に特定の役割を担い、教育現場などで習得した福祉領域の知識・技術・価値を教育機関から担保され、福祉実践現場に適用するプロセスを体験すること」としている[30]。対人支援の専門家である福祉分野の専門職・ソーシャルワーカーには、実践力が求められる。この実践力というのは、単なる実行力とは異なる。実践力とは「ねらい（目的）と達成可能な目標を明確化して、意図的に支援を遂行する能力」をいう。そして、実習は「実践力のある専門家＝実践家」を育てることを目的に、実習施設・機関と教育機関が協働して実施するものである。

　実習と関連のある演習は、実習前演習と実習後演習とに分けて考えることができる。演習は、実習と連動して教育機関内で実施されるが、実習は実習施設・機関で行われる。履修生が身をおく実習施設・機関は、あくまで利用者支援の場であり、利用者は決して履修生の学びの実験台ではない。履修生は、このことを肝に銘じて、実習に臨むことが求められる。実習前演習では、演習担当教員のもとで理論・概念の「実践化」を目指して練習や模擬的体験をする。また実習後演習では、実習での体験を振り返り、その体験を分析し、それを理論と結びつけて理解する。既存の理論が見あたらない場合には新しい理論を構築する「理論化」もあり得る。演習を通してさまざまな支援活動を観察

29）白澤政和・福山和女・石川久展編『社会福祉士相談援助演習』（中央法規出版、2009）p. ⅲ
30）日本医療社会事業協会監修、福山和女・田中千枝子編『新　医療ソーシャルワーク実習』（川島書店、2008）p.8
31）白澤政和・福山和女・石井久展編『社会福祉士相談援助演習』（中央法規出版、2009）p. ⅲ また、日本医療社会事業協会監修、福山和女・田中千枝子編『新　医療ソーシャルワーク実習』（川島書店、2008）の巻末に、「実習生指導の枠組み（FKグリッド）」の表がある。実習前演習の実践化の学習と実習後演習の理論化の学習は、「観察—理解—分析と評価—応用—理論化」の能力を目指していると説明できる。

し、これを理解、分析、応用、理論化するという訓練をくり返す。FKグリッドは、「実習生指導の枠組み」として、観察から理論化までの段階を表にしたものであり、演習でも活用できるツールである。演習は、座学の講義科目と実地体験の実習を橋渡しする場であるといえる[31]。

(2) 相談援助実習前演習と相談援助実習後演習

①実習前の演習

社会福祉士養成課程では、講義科目としてソーシャルワークおよび関連諸科目(心理学、社会学、法学、医学等)がある。そして講義科目で学んだ価値・知識・技術等の意味を咀しゃくし、統合して実習に臨むために演習がある。理論学習から実地学習への演繹的(普遍から特殊への実践化)学びの場というのが実習前演習の特徴といえる。

演習の具体的展開方法については、**第Ⅱ部第2章**「相談援助演習の枠組みと目標設定」、**第Ⅱ部第4章**「授業計画づくり」などが他節で述べられている。これらの枠組み・目標設定・授業計画は、「価値・倫理を基盤として知識・技術から構成されるソーシャルワーク実践」の学習を目指している。

このソーシャルワーク実践は、一つ目にミクロ・メゾ・マクロレベルの福祉の増進を目指し、10数個の方法(ソーシャル・ケースワーク、ソーシャル・グループワーク、コミュニティワーク等)を用いる実践領域の広がりをもち[32]、二つ目に個人・集団・地域をどう捉えるかの諸理論に基づき、そして三つ目に数十個の面接技法を用いて遂行される。ここでは、この三つをソーシャルワーク支援の「3種類の道具」と呼ぶことにする[33],[34]。

実習前演習は、履修生に対して二つ効果が期待できるのではないか。

第一の効果：理論等の実践化を目指して実習行動を予行演習することで、実習に臨む不安を軽減して、実習の動機づけを高める。また実習に臨み不安をもたない履修生には、逆に実習への不安をもつことで実習に臨む厳しい姿勢を促す。以上の実践化の過程を経て、履修生は「基礎的実践力」を養う。

第二の効果：「自分の考えを自分の言葉で述べる力」を高め、自己の自律性・自立性を向上させ、合わせて模擬体験を通して自己の感情や考え方の傾向・特徴に気づき、自己覚知を向上させる。

②実習後の演習

実習前演習の実践化作業に対して、実習後演習は理論化の場といえる。実習での体験を振り返り、実習での体験を講義で学んだ価値・理論・方法に結びつける過程で、履修生は実習での体験を深化させる。実地学習から理論学習への帰納的(特殊から普遍への「理論化」)学びの場が、実習後演習の特徴である。また、実習前演習でくり返した「実践化」作業が現場実践で通用したか否かを吟味する場にもなる。

実習後演習には、二つの効果が期待できるのではないか。

第一の効果：支援活動の理論化を目指す過程で、実習前の講義で学んだ価値・理論・方法の意味・意義を、頭のなかだけでなく体感的に理解する。また、現場実践で観察した

---

32) 白澤政和・福山和女・石川久展編『社会福祉士相談援助演習』(中央法規出版、2009) p.viii
33) 福山和女『面接―人の立体把握のために―』(シリーズソーシャルワークを学ぶ2) (FK研究グループ、2001) p.15
34) 福山和女・萬歳芙美子「第7章第3節 家族支援9」岩間伸之・白澤政和・福山和女編著『ソーシャルワークの理論と方法Ⅰ』(ミネルヴァ書房、2010) pp.214-22

履修生自身、利用者、現場実習指導者を含む職員等の一連の言動を演習で検討する。観察したものを理解、分析、評価することで履修生としての自分の対処行動のよさに気づき、自信をもつ。また、さまざまな制限のなかで生きる利用者の取り組み力や現場実習指導者を含む職員の支援取り組み力に気づくことで、他者を認める姿勢をもつ。以上を「観察─理解─分析・評価─応用─理論化作業を経て自尊他尊の支援姿勢を習得する」とまとめ、これを「基礎的実践力の向上」と考える。

第二の効果：「自分の考えを自分の言葉で述べる力」を高め、自己の自律性・自立性を向上させる、合わせて、現場実践での体験に基づいて自己の感情や考え方の傾向・特徴に気づき、自己覚知を向上させる。

（3）相談援助演習とスーパービジョン

①人としての成長と専門家としての成長 −自律と自立−

スーパービジョンにおける相互作用について触れたとき、對馬は次のように述べた[35]。

「社会福祉分野では、『利用者の自立を目指す支援』が常套句となっている。社会学者の上野千鶴子は、『自立』の概念の成熟とともに、自己と他人を受容し相互に援助を与えあう能力も、『自立』の重要な側面だと考えられるに至ったとして、『老人、女性、障害者など社会的弱者の自立は、今日では依存から自立へ、さらに相互依存を肯定的にめざす[36]』と説明している。クライエントが相互依存して生きることを支援するソーシャルワーカー自身が、スーパービジョン過程を通してスーパーバイザーと相互依存関係を築くことは、対人支援の根本的姿勢を体得する上で重要な点だと考える。」

ソーシャルワーク支援は、人を「環境と交互作用して生きる者」として捉え、人を全人的に理解して包括的に支援する独自性のある支援である。自立をキーワードとして人を支援する福祉専門職自身は、自己の自立を意識化しなければならない。ここで自立と密接に関連する自律を「自分で自分の行為を規制すること。外部からの制御から脱して、自身の立てた規範に従って行動すること[37]」と簡単に定義して、人として、専門職としての成長を「自律と自立」の二つの観点から捉えたい。

②スーパービジョンとは

演習は、「スーパービジョン」とどのような関連をもつだろうか。ここで、スーパービジョンについて定義する。福山は、「ソーシャルワーク・スーパービジョンとは、管理・支持・教育という三機能を提供することにより実践家の社会化を含む、専門職育成の過程である」と定義し、さらに「スーパービジョンとは、専門職が組織内で援助・支援業務を実施するうえでのバックアップ体制であり、それは組織からの確認作業を通してなされる」と説明している[38]。

スーパービジョンの「定義」を上述したが、スーパービジョンの捉え方には種々ある。これを「方法」として捉えるか、「過程」として捉えるかで、スーパービジョンの進め方が異なる。またスーパー

35）對馬節子「第10章　スーパービジョンとコンサルテーション」『社会福祉学習双書』編集委員会編『社会福祉援助技術論Ⅱ』（全国社会福祉協議会出版部、2010）p.289
36）上野千鶴子「自立」見田宗介他編『社会学事典』（弘文堂、1988）pp.479-480
37）新村出『広辞苑　第六版』（岩波書店、2008）

ビジョンの「機能」、「形態」、「契約」を意識することでも、その進め方が異なる。スーパーバイジーがもち込む相談、問題や課題のどこに焦点をあてるかによっても、その進め方は異なる。またそれらの相談、問題や課題をどのように（方法、手順、書式、道具）検討するかによっても進め方が異なる。對馬らは「ソーシャルワークの支援活動はスーパービジョンとコンサルテーションとが車の両輪となって……」[39]と述べているが、業務上の責任・確認体制であるスーパービジョンと助言指導的コンサルテーションとの違いを意識することでも、効果的な指導ができる。

③実習スーパービジョン

　実習教育体制との関連でスーパービジョンを考えるとき、二種のスーパービジョンがある。一つは実習施設・機関でのスーパービジョンである。履修生は実習生として実践現場でスーパービジョンを受ける。もう一つは、教育機関でのスーパービジョンである。そこで、実習生に対するスーパービジョンを特化して、教育機関でのスーパービジョンと実習施設・機関でのスーパービジョンを合わせて「実習スーパービジョン」と呼ぶことにする。演習は、スーパービジョンの概念を履修生が理解するための好機である。なぜなら、演習で実習スーパービジョンを活用することで、履修生は実践的スーパービジョンを模擬体験しながらスーパービジョンを理論的に理解するからである。実習指導教員は、履修生が教育機関と実習施設・機関を行き来し、履修生として実習をまっとうするために教育機関側から履修生をバックアップする。実習施設・機関、現場実習指導者を含む職員は、履修生を実践現場側からバックアップする。教育機関と実習施設・機関はそれぞれ独自に実習指導体制をもち、実習プログラムを進めるが、このときの両者における協働の有無が実習に大きく影響する。

　演習担当教員が実習指導教員と重なる場合は、演習中も実習スーパーバイザーとして振る舞いやすい。しかし、演習は実習指導とは異なり実習から距離をおいた授業である。この点を意識化・明確化して演習に臨むことが演習担当教員と履修生に求められる。

④実習前演習で取り上げるスーパービジョン

　ソーシャル・ケースワーク、ソーシャル・グループワーク、コミュニティワークをはじめとして十数個あるソーシャルワークの方法の一つである「スーパービジョン」は、ソーシャルワーク実践にとって重要な位置を占めている。個人・家族を対象としてミクロレベルの効果を目指すケースワーク他の方法、集団・組織を対象としてメゾレベルの効果を目指すグループワーク他の方法、地域・社会を対象としてマクロレベルの効果を目指すコミュニティワーク他の方法などすべての方法に、スーパービジョンが併用されるといえる。その意味でスーパービジョンは、ソーシャルワーク実践にとって不可欠な方法である。

　実践現場では履修生、現場実習指導者を含む職員、ボランティア等に対して多様なスーパービジョンが展開される。履修生は、実習施設・機関の多様なスーパービジョンに気づかず、「スーパービジョンをしてくれない」といった不満を訴えることがある。そのようなことがないよう、実習前演習で実践現場のスーパービジョンを顕在化・意識化・明確化して実習に備えることで、履修生は実習を効果的・効率的に体験することができる。

---

[38] 福山和女編著、對馬節子・萬歳芙美子・荻野ひろみ共著『ソーシャルワークのスーパービジョン―人の理解の探究』（ミネルヴァ書房、2005）p.197
　スーパービジョンについては、福山和女・照井秀子「第5章スーパービジョン」、「第6章コンサルテーション」岩間伸之・白澤政和・福山和女編著『ソーシャルワークの理論と方法Ⅱ』（ミネルヴァ書房、2010）も参考になる。
[39] 福山和女編著、對馬節子・萬歳芙美子・荻野ひろみ共著『ソーシャルワークのスーパービジョン―人の理解の探究』（ミネルヴァ書房、2005）p.182

第Ⅰ部 相談援助演習でソーシャルワークを学ぶ

　演習担当教員は、実習先でのさまざまな支援活動・実習行動を想定し、スーパービジョンの枠組みで履修生に種々の理論・方法・価値を実践化させることができる。例えば、「人の尊厳を尊重する支援」「生活場面面接」「アセスメントに基づく支援」「支援プロセス」等について、演習担当教員が「現場実習指導者を含む職員・スーパーバイザー」に、履修生が「実習生・スーパーバイジー」となり、グループスーパービジョン形態で演習を展開することができる。

　実習前演習では利用者尊重の観点と、実習施設・機関運営上のリスク管理の観点から、管理的スーパービジョンに力点がおかれるだろう。履修生としての立場・役割・限界を意識して振る舞うことで、利用者や実践現場に与えるリスクを最小限にする。教育機関という守られた空間から実践現場という社会に出て、履修生は実践家を目指す以前に社会人としての振る舞いを要請されることも多い。社会人経験のない履修生は就職を待たずに実習という形で社会の厳しさに接する。演習は実習前に模擬的に実践現場を体験する場である。この模擬体験は、実習指導の時間にも行われる。ひとたび実践現場に入った履修生のスーパービジョンは、実践現場に委ねられることを肝に銘じなければならない。

⑤実習後演習で取り上げるスーパービジョン

　実習前演習において、実習施設・機関で履修生、現場実習指導者を含む職員、ボランティア等に対して多様なスーパービジョンが展開されていることを意識化して実習に臨んでも、履修生はこれらのスーパービジョンに気づかないまま教育機関に戻ってくることが多い。実習後演習でさまざまな支援場面を検討することで、実習施設・機関のスーパービジョンを顕在化・意識化・明確化する必要がある。実習施設・機関のスーパービジョンを再確認することで、履修生は実習体験を深化させることができる。

　実習後演習で、履修生は「関与しながらの実習」を振り返る。模擬的スーパービジョンの枠組みで、例えば、演習担当教員が現場実習指導者を含む職員・スーパーバイザーの立場を取り、履修生が実習生・スーパーバイジーとして実習体験を理論化する。実習前演習の模擬的スーパービジョンでは、利用者尊重の観点と、実習施設・機関の運営上のリスク管理の観点から、管理的スーパービジョンに力点がおかれるだろうと前述した。実習後演習においても、このような観点から実習での体験を検討することも多いだろう。これに加えて、実習後演習では各自の実習での体験を履修生自身が選び、その体験（事例）を振り返ることが多い。このとき、スーパービジョン理論を活用して実習での体験を効果的・効率的に振り返る。

　履修生は、事例を選んだ理由を「自分の対応はよかったと思うが、確認したい」「ほかの対処方法はなかったか、知りたい」「とても困ったので、今後のために検討したい」「これでよいかと疑問に思ったので、再検討したい」などと述べることが多い。ここで、「問題行動を取り上げる」として、検討事例を狭まないことが大切である。なぜなら、スーパービジョンとは問題があるから実施するものではないからである。スーパービジョンとは、「確認作業」を通して、現場実習指導者を含む職員や履修生の支援活動や実習行動を組織的にバックアップするものである。

　履修生は「とっさにとった自分の対処行動を駄目だと反省していたが、自分の対処行動のよい

ところに気づけて自信をもてた」「自分の行動を検討することで、配慮したほうがよいことに気づいた」「対処に困ったのは、自分の責任だけではないとわかった。履修生の限界や課題に気づけた」などの感想・フィードバックを言語化する。その他に、利用者については「能力のない、弱い利用者だと思っていたが、その力に気づいた」など、専門性については「エンパワメントの意味が、ピンときた」など、実習施設・機関や現場実習指導者を含む職員については「批判的だったが、限界のなかで努力していることに気づけた」などの感想も多い。マイナスで捉えていたことをプラスに転換することが重要だが、「自分の対応の危険性に気づいた。次は……のように対応したい」などと履修生自らリスク管理の視点をもち、リスクを予知した対処策を考えることもある。

（4）評価　──相談援助演習評価と相談援助実習評価──

①評価の意義と種類

　評価について述べることは、たやすいことではないので、本稿では簡潔に述べるにとどめる。評価には「善悪・美徳・優劣などの価値を判じ定める」という意味があり、「努力を評価する」という例文がある[40]。評価のための評価になりがちな傾向について自戒しながら、評価の効用を述べる。

　評価者は評価対象を評価することで、評価対象の取り組み努力と取り組み成果を査定する。そこで評価者は評価対象の取り組み努力と成果を認め、そのストレングスを維持・強化（エンパワメント）させる。また、評価対象のリスクにも目を向ける。何を維持・強化し、どのようにリスク管理するかを明確化することで、今後の課題も明らになる。以上が評価の生産的側面だろう。

　演習評価については、演習終了時に演習担当教員が履修生を評価することが多い。評価方法は、教育機関や演習担当教員の方針によって異なるが、①出席日数、②演習中の課題取り組み態度（発言、協調性など）、③演習終了時のレポートなどを評価項目にするのが一般的である。

　演習と連動する実習評価について述べる。実習評価は以下のさまざまな観点から考慮される。次のような観点の組み合わせによって、多種多様な評価がある。

○ 誰が（評価主体：実習施設・機関、実習指導職員、教育機関、実習指導教員、履修生、立場の異なる二者・三者）
○ 誰、何に対して（評価対象：実習施設・機関、実習指導職員、教育機関、実習指導教員、履修生）
○ いつ（評価時期：実習前、実習中、実習後）
○ 何を（評価内容：履修生の実習態度、知識・技術の習熟度、満足度、人間的成長（自律性・自立性）、実習目標の達成度、実習施設・機関あるいは教育機関の実習体制、実習プログラム）
○ どのように（評価ツール：チェックリスト式、スケール式、記述式、レポート式等）

②演習の評価

　実習評価に関するさまざまな観点を参考にして、演習評価について具体的に述べる。履修生を対象にして実習前・実習後の演習効果について既述したものを以下に簡潔にまとめて記す。
○ 効果①：基礎的実践力の向上

---

40) 新村出『広辞苑　第六版』（岩波書店、2008）

第Ⅰ部 相談援助演習でソーシャルワークを学ぶ

○ 効果②：自律性・自立性と自己覚知の向上

　この二つの効果を含めて履修生の成長を総合的に眺めると、履修生の「人として、実践家としての成長」を示しているといえる。

　教育機関で実施される演習については、他科目と共通した評価方法がある。本稿では、演習の節目（実習前、実習後、学期末）に実施できる評価ツールを参考までに例示する。

○ スケール式評価ツールの例：「人材活用スケール」[41]

　効果①は「基礎的実践力の向上」としたが、抽象度の高い文言である。そこで、この効果をより具体的に測る「人材活用スケール」を例示する（**表1-5**）。このスケールは、上司が部下の職員の能力評価をするために開発したものである。これを演習で使用する場合、例えば、実習前と実習後に実施し、実習前後の評価結果を比較する。これは履修生の実践力の評価といえる。実習前演習では、履修生の限界、弱点・欠点・困難点、長所・強みなどを予測して評価する。実習後は、履修生の限界、弱点・欠点・困難点、長所・強みなどを実習での体験に基づいて評価する。

　人材活用スケールの縦軸は、履修生の対処能力を、5側面（1．利用者への関わり・直接援助能力、2．現場実習指導者を含む職員の業務行動・行動力、3．職場内外のネットワーキング・報告能力、4．教わり方・スーパービジョン活用能力、5．サービスプラン・開発力）に分けている。横軸は履修生の対処能力を4段階7レベル（1．観察段階－2．3．理解段階－4．5．分析・応用段階－6．7．理論化の段階）に分けている。このスケールは、前述の「FKグリッド」を簡略化したものといえる[42]。

　この評価は、グループスーパービジョン形態で実施できる。履修生が評価主体かつ評価対象となり、演習担当教員は履修生の自己評価を指導する。後日、演習担当教員と履修生の個別面接（個人スーパービジョン形態で）において、このスケールを両者で検討することもできる。

　「人材活用スケール」の横軸の数値が高くなったからといって、実践力が高まったとは必ずしもいえない。頭でっかちの履修生は、実習前には4．5．分析・応用段階、6．7．理論化の段階にチェックする傾向があるが、実習後は観察1、理解2、3にチェックすることも多い。縦軸の5側面は、人（利用者、履修生、現場実習指導者を含む職員等）を取り巻く環境システムの広がりと捉えることができる。実習前は利用者に関心を集中していた履修生が、実習後は現場実習指導者を含む職員・実践現場全体の動きや専門性（サービスプラン作成、開発など）に視野を広げることも多い。このスケール表の利点は、視覚化した表の助けによって履修生が自己の成長を検討しやすくなることである。

○ 記述式・レポート式評価方法の例：「演習の取組み姿勢・態度の観察」「レポート評価」

　効果②は、「自律性・自立性と自己覚知の向上」とした。これも抽象度の高い文言である。演習担当教員はグループワーク的手法を用いて演習を展開する。演習中の履修生の取り組み姿勢・態度や発言内容、レポートなどを手がかりにして、履修生の「自律性・自立性、自己覚知」を評価する。

　例えば、人の発言を傾聴しながら人に流されずに発言しているか（自律性・自立性）、自己の実習行動を冷静かつ、のびのびと記述し評価しているか（自己覚知）などを、観察やレポート内容を通して記述的に評価する。「人材活用スケール」のように書式化されたツールとは異なるので、評

---

41) 福山和女編著、對馬節子・萬歳芙美子・荻野ひろみ共著『ソーシャルワークのスーパービジョン―人の理解の探究』（ミネルヴァ書房、2005）pp.221-222
42) 日本医療社会事業協会監修、福山和女・田中千枝子編『新　医療ソーシャルワーク実習』（川島書店、2008）p.6および巻末の表を参照。

価方法として記した。

　この「自律性・自立性、自己覚知」は「人材活用スケール」と関連する能力だが、本稿ではこの点を示唆するにとどめる。

第 I 部 相談援助演習でソーシャルワークを学ぶ

表1-5 人材活用スケール

職員名		記入月日	年 月 日				
経験年数	年	記入者名					
勤務形態		人材活用上の課題：					

	1 (観察)	2 (理解)	3	4 (分析・応用)	5	6 (理論化)	7
1. 利用者(本人・家族)への関わり (直接援助能力)	利用者の状況を観察する	利用者に応じて対応する		理由を考えたうえで判断する(利用者・状況への関わりの理由を考え判断する)	理由を考えたうえで判断する(利用者・状況への関わりの理由を考え判断する)		予測できない事態に対応する
2. 職員の(業務)行動 (行動力)	とにかく実行する	自分なりに理由を考えて実行する		相手のニーズを判断して実行する		効果を考えたうえで実行する	
3. 職場内外のネットワーキング (報告能力)	実行したことを伝達する	なぜ実行したかを伝達する		どのような手順で実行したかを具体的に伝達する		実行したことの問題点・気づいたことを伝達する	
4. 教え方/教わり方 (スーパービジョン能力/活用能力)	やってみせる/やってみせてもらうとわかる	言葉で説明する/言葉で説明してもらうとわかる		理由を説明する/理由を説明してもらうとわかる		効果を考えて説明する/効果を考えた工夫を説明してもらうとわかる	
5. サービスプラン (開発力)	見て感じたものについて提示する	問題点を指摘しその理由を述べる		問題発生を予測する		具体的な解決策を立てる	

出所：福山和女・對馬節子開発、静岡県社会福祉協議会プロジェクト、サンケア21協力、1999

第Ⅱ部
ソーシャルワーカーを育てる相談援助演習担当教員

―――― ねらい ――――

第Ⅰ部の相談援助演習の学び方をふまえて、第Ⅱ部では演習担当教員として、ソーシャルワーカーを育てるための効果的な演習授業をどのように構成していくかを考える。演習は知識・理論と実践の結びつけをする位置づけにあり、実践的な学びとなるよう、演習担当教員にはその橋渡しの役割を果たすことが求められる。演習の構造、目標、方法などを確認し、教員自身の特性を活かした演習授業計画をたててみよう。

第Ⅱ部 ソーシャルワーカーを育てる相談援助演習担当教員

第1章
相談援助演習担当教員になるということ

　現場実践の専門職として働いているあなたに質問したい。演習担当教員を依頼されたら、あなたは何と答えるだろうか。

①「とんでもない。私には教員は無理です」
②「教員の勉強をしてから引き受けます。教員養成講座をどこかで受けられますか」
③「私は学生に伝えたいことがあります。ぜひ引き受けさせてください」
④「　　　　　　　　　　　　　　　　　　　　　」(その他)

[A]

私 → 教員像 → 履修生
専門性 ↗

「私には教員なんかできません」

[B]

私／専門性（重なり）教員像 ⇒ 履修生

「私はこれを伝えたい」

出所：福山和女・對馬節子『講師養成講座―養成法の理論と実際』(静岡県社会福祉協議会静岡県社会福祉人材センター、1999)

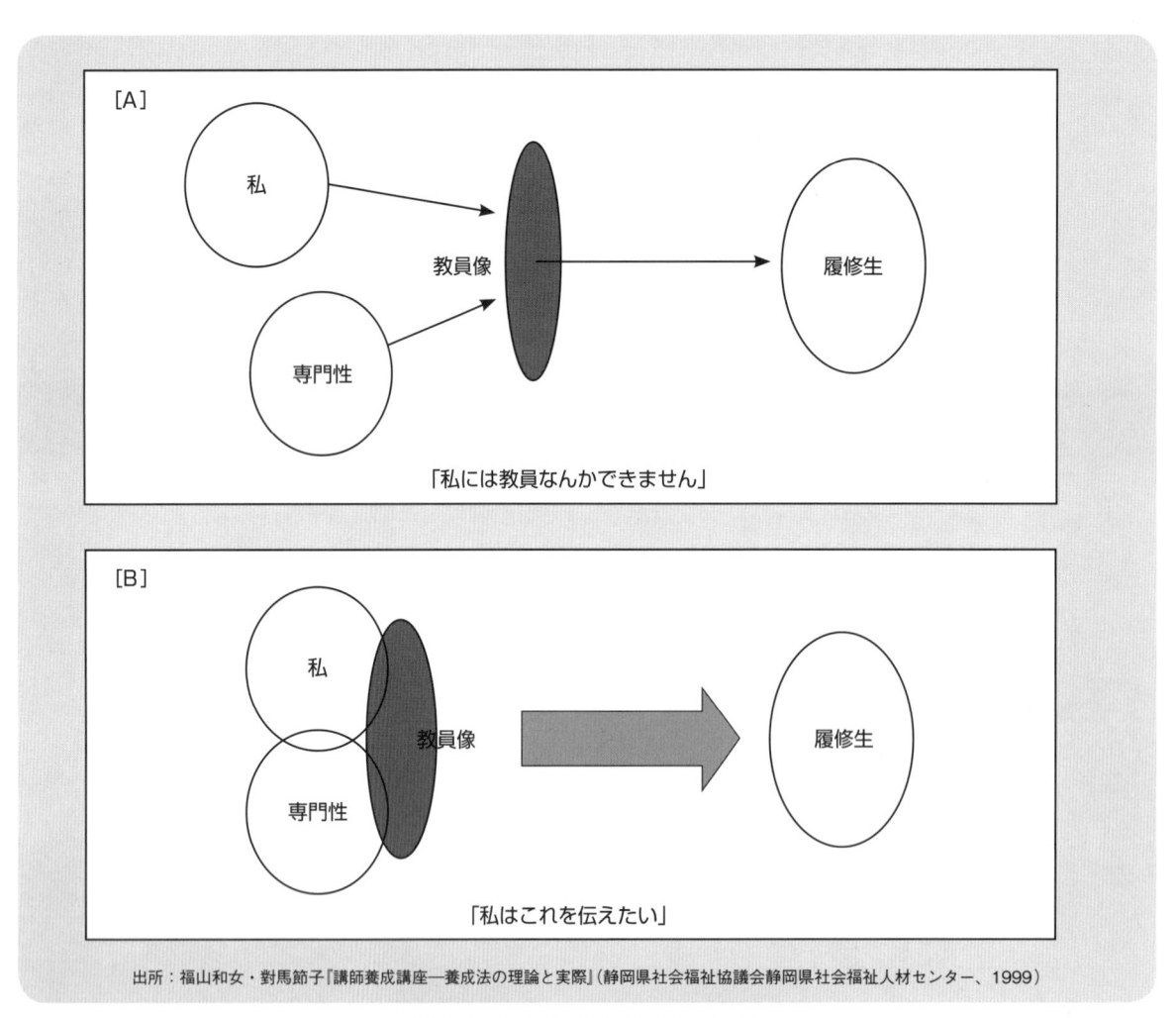

図2-1　講師像のイメージA・B

あなたの応答は図中の[A][B]のどれだろうか[1]。おそらく、①②を選んだ人は、図の[A]に近い考え方をしているのではないか。これに対して、③を選んだ人は図の[B]に近い考え方をしているだろう。現場実践で専門家として働いている人であれば、[B]のように「自分が日頃の業務で用いている専門性は、教員像に含まれる」と考えられないだろうか。

演習担当教員を引き受けるとき、相手が望むならと受け身で引き受け、頼まれたから来校したと受け身で演習に臨むというのは、履修生によい影響を与えないのではないか。依頼を引き受けるからには、福祉の専門職として履修生に何を伝えるべきかを考え、実際の演習に臨んではどうだろうか。専門職として、弱点を含めて自己の傾向・特徴・独自性を認め、自分の強みを活かして演習を組み立てられるのではないか。

福山らは、「講師として伝えたいもの」として7項目を挙げた[2]。それは、①技法の伝達、②知識の伝達、③モデルの提示、④受講者のニーズの充足、⑤アイデンティティの確立、⑥資質、能力の向上、⑦次世代への伝承、である。

また、履修生の学習態度もニーズも、さまざまである。それぞれの履修生が「何を学びたいのか」、「何を知りたいのか」などを尋ねるのは大切なことではある。しかし、履修生に迎合して、与えられたテーマから外れるようなことはできない。また、相手の学習態度に一喜一憂するより、自分が演習担当教員として「何を伝えたいか（伝達内容）」、「何のために伝えたいか（伝達目的）」、「どれだけ伝えたいか（伝達範囲）」、「どのように伝えたいか（伝達方法）」について明確化し、演習企画書をつくることにエネルギーを割くほうが生産的である。

自分の一番伝えたいことを明確化し、自分の独自性を探り、それを信頼して、企画案を練ることは面白く、楽しい。演習担当教員自身が履修生らとの演習に興味をもち楽しめば、履修生は自ずと演習担当教員の授業に耳を傾けるだろう。履修生の大半をひきつけようとは思わなくてよいのではないか。まずは、「自分が言いたいことを明確化すること」を出発点に、演習担当教員を引き受けることを考えてみてはいかがだろう。

---

1) 福山和女・對馬節子『講師養成講座―養成法の理論と実際』（静岡県社会福祉協議会静岡県社会福祉人材センター、1999）p.22
2) 福山和女・對馬節子『講師養成講座―養成法の理論と実際』（静岡県社会福祉協議会静岡県社会福祉人材センター、1999）p.20

第2章
相談援助演習の枠組みと目標設定

1. 相談援助演習の全体構造

　演習は、部分的に見ると技法の習得や支援方法の学習だけが前面に現れがちであるが、全体構造としては、**表1-4**（p.14）に示すように構造的かつ重層的な学習形態となっている。演習担当教員はこれらの学習要素をロールプレイや事例の活用等の手法を選択しながら、くまなく織り込む力量が求められている。授業の組み方によっては、一つの要素だけが突出し、ほかの要素がおろそかになることも珍しくはない。また、演習担当教員の意図がどこまで浸透するかは、演習グループのメンバー構成によっても大きな差異がある。そのため、どのようなメンバーから構成されているかを念頭におくことは、演習を担当する教員にとって最重要課題であるといっても過言ではない。

　実地に体験し学ぶことを重視する演習は、学習目標だけでなく学習素材の活かし方や構成メンバー、演習担当教員のグループへの働きかけ等さまざまな因子により成果が決定される学習形態である。そこで、演習グループを演習担当教員、構成員によっていくつかの型に分類する。

2. 相談援助演習クラスの形態と学び

（1）四つの類型

　類型化に際しては、演習という観点だけでなく、実習の要否も勘案する必要がある。メンバーが実習を必要とするか否かによって、クラスの学習到達目標に差異が生じるからである。実習が必要か否かは、教育機関の入学時に1年以上の「相談援助とみなされる職種」の業務を行っていたかどうかで決定される。実習が必要な履修生は（以下、要実習者）、単に現場で実習を行うだけでなく、面接授業の際に、演習に加えて科目としての「実習指導」を学ぶことになる。そのため、演習のみを担当する教員であっても、実習指導を受けることによる時間と目標の共有がメンバーの関係形成に大きく影響していることを念頭におかなければならない。

　表2-1に示すように、演習クラスの編成は大別すると、演習と実習指導クラスが同一のメンバーから構成される場合と、別のメンバーによって構成される場合がある。同一クラスをⅠ型とすると、これには二つのバリエーションがあり、演習と実習指導を一貫して一人の教員で行う場合をⅠa型、同一クラスであっても、演習と実習指導をそれぞれ別の教員が担当する場合をⅠb型とする。

　他方、演習と実習指導クラスが別のメンバーによって編成される場合、要実習者と実習免除者を分け、要実習者のみのクラスをⅡ型、要実習者と実習免除者のクラスをⅢ型、実習免除者のみ

表2-1 演習クラスの形態

クラスの構成		関与する教員	演習担当教員と実習指導教員が同一者	演習担当教員と実習指導教員	演習教員のみ
演習・実習指導同一クラス			Ⅰa型	Ⅰb型	
演習・実習指導別クラス	要実習者・実習免除者混合型				Ⅲ型
	要実習者・実習免除者区分型	要実習者		Ⅱ型	
		実習免除者			Ⅳ型

筆者作成

のクラスをⅣ型とする。ただし、これらはあくまで相談援助の実務経験の有無であって、現場経験とは必ずしも一致しない。要実習者には介護や看護等実務経験とみなされない業務を行いながら現場で勤務している履修生も含まれている。

　一方、実習免除者のなかには、1年間のみの相談援助の実務者も含まれる。したがって、社会福祉の分野がまったく初めての履修生から、十分な現場経験を有しながら相談援助とはみなされない業務に就いている履修生、短期間の実務経験の履修生など、現場の経験という部分では履修生にかなりのばらつきがあることは注意を要する。

（2）相談援助演習と実習指導との関連

　演習担当教員が実習の有無を考慮する必要性についてはいくつか理由がある。一つ目として、実習に対し演習担当教員がある種の役割を担っているからである。実習前にそれなりの知識と技法を身につけて実習に送り出すのは、実習指導教員ばかりでなく演習担当教員の責任でもある。実習中あるいは実習後には、現場で学んだことを単なる体験にとどめず、原則論や理論とどのような関係にあるのかを演習でも整理する必要が生じる。二つ目として、実習の実施が演習の参加の仕方に影響を与えるからである。履修生のなかには実習の体験が大きな負荷となり、不安定な心理状況を招き、乗り越えることに時間を要する場合も見受けられる。演習は参加型の学習であるから、この負荷は学習姿勢に影響を与え、動機づけの低下、ディスカッションへの消極的姿勢等となって現れる。意欲の低下は演習担当教員には看過できない事態ではあるが、参加を促すだけでは問題は解決できず、その背景を理解したうえで働きかけなければならない。

　一方、履修生にとってもメンバーの実習の有無は学習に影響を与える。要実習者は、実習前と実習後では理解の深さに格段の違いがある。初期には実習免除者が、福祉分野が初めての履修生に現場の実情を伝える立場になりやすいが、実習を終える時期には、現場を評価できる力量を身につけてくる。履修生という同じ立場でどのように現場の実践が受け止められたかを詳細に聞くことができるので、実務に携わっている履修生は、実践を振り返る機会をもつことができる。これらを演習担当教員は的確に活用しなければならない。

(3)実習指導教員との連携の必要性

　クラスの類型を実習という観点から見ると、Ⅰ型・Ⅱ型はいずれも実習が必要な履修生のみで構成されている。Ⅰa型は演習、実習ともに同一教員、同一クラスであり、教員が履修生を完全に掌握できる。しかし、Ⅰb型は同一クラスであっても演習、実習指導を別々の教員が担当するため、実習指導、演習の個々の人の動きやクラス全体のダイナミックスを教員同士が共有できるか否かは学習効果に大きく影響する。

　一方、Ⅱ型を担当する演習担当教員は本来的には演習のみに責任を有する立場ではあるが、演習担当教員、実習指導教員双方にとって連携は重要である。演習、実習指導で把握した履修生の特性を共有することは、実習の円滑な履修に貢献し、履修生の特性をより活かした演習の組み立てを可能にする。逆に、先にも述べた履修生の実習のストレスを理解し、演習でこれについて配慮するためには、実習指導教員と情報を共有することが欠かせない。

　Ⅲ型については、混合クラスであるため現場実践経験者に対する遠慮や気おくれもあって、実習を要する履修生の特徴が表面に出にくい。仮に特徴的であれば、かなり突出した傾向と思われるため、実習の前に速やかに実習指導教員に伝えることは必要であろう。いずれにしても、相談援助演習、相談援助実習としてカリキュラムが再編成されてから、それ以降は演習と実習指導の連動がとくに強調されているので、演習担当教員といえども実習を実施する履修生かどうかを常に念頭におき、配慮することが求められる。

(4)演習のねらい

　以下、演習のねらいとして演習担当教員が理解すべきことを記述していく。まず、時期によって学習目標は大きく異なるため、演習を初期、中期、後期に分ける(**表2-2**)。これを実習と関連させて考えると、次のようなことがいえる。面接授業の時期や期間は教育機関ごとに設定されており、一概にはいえないが、少なくとも初期は、実習指導で実習についてガイダンスする必要があるので、実習に出る前に設定されている確率が高い。中期は、実習終了者と実習中あるいは未実習の履修生が混在する状況、後期はほぼ実習を終了した段階となる。

　まず、①支援技法、②支援過程、③支援方法を加味した学習のねらいについて整理する。そのうえで、類型ごとの要点をまとめるが、要実習者の類型については特殊な要素があるため、詳述する。混合型、実習免除者のみの類型については、基本は同様であるため、留意点のみ記す。また、学習の構成要素のうち、④目標および課題の設定や⑤しくみおよび制度サービスの活用については、**第Ⅱ部第4章**「授業計画づくり」、**第5章**「授業計画案——相談援助演習と相談援助実習の連動——」、**第6章**「事例を用いた相談援助演習計画例」を、①支援技法、②支援過程については**図1-3、1-4**(p.17)に図示したものを参照してほしい。

表2-2　全体的学習目標と類型ごとの学習目標の対比

	学習目標	類型	類型ごとの具体的目標
初期	対人援助の基本を学ぶ 基本技法に基づき関係形成する 支援方法の基本を学ぶ	Ia型	基本技法の習得
		Ib型	関係形成の技法の習得
		II型	個別支援、グループ支援の理解
		III型	基本技法の習得 基本技法の意識化と振り返り 関係形成の技法の習得 関係形成の技法の意識化と活用 個別支援、グループ支援の理解 個別支援、グループ支援の振り返り
		IV型	基本技法の意識化と振り返り 関係形成の意識化と活用 個別支援、グループ支援の振り返り
中期	支援過程の理解 専門技法の習得 支援方法を学ぶ	Ia型	分析技法の習得と支援目標の設定
		Ib型	専門技法の習得と支援計画の作成と実施
		II型	社会資源の調整・活用・開発
			さまざまな支援方法の理解
		III型	分析技法の習得と支援目標の設定 分析技法の確認と振り返り 専門技法の習得、各支援過程の理解 専門技法の確認と振り返り アウトリーチと各支援過程の確認 社会資源の調整・活用・開発 さまざまな支援方法の理解 支援方法のレパートリーの取得
		IV型	分析技法の振り返りと強化 専門技法の振り返りと強化 アウトリーチと各支援過程の検討 支援方法のレパートリーの取得
後期	包括的支援の理解 支援困難事例への対応	Ia型	支援の全体像の把握とアプローチの理解
		Ib型	支援困難事例の要因分析と対処法の発見
		II型	自己理解と自己活用
		III型	支援の全体像の把握とアプローチの理解 支援困難事例の要因分析と対処法の発見 組織内から組織外への支援の拡大 ソーシャルアクションの可能性の追求
		IV型	支援の全体像把握とアプローチの点検 支援困難事例の要因分析と対処法の検討 組織内から組織外への支援の拡大 ソーシャルアクションの可能性の追求

筆者作成

3. 相談援助演習初期の学習目標

（1）対人援助の基本の習得

　演習初期の大きな目標は基本技法の強化である。コミュニケーションには人それぞれ特有なものがあるため、「話す」「見る」「聞く」という日常生活でも用いている方法を、改めて意識し再構成できるよう促す。基本技法には「書く」「読む」も含まれる。書くことは支援を記録することにつながるが、同じ書式を用いていると技法の習得にまで至らないため、演習ではさまざまな書式を工夫し、自分の働きかけを振り返ることができるように導く。事例を用いる場合は、プロセスや社会資源に焦点を当てた読み方を学ぶことができるが、演習初期は直接的なコミュニケーションが重視される時期なので、技法の習得としては、中期以降にもち越されることが多い。

（2）メンバー間の関係の促進と個別的配慮

　人との関係を意識的につくっていく関係形成の技法を身につけることは、対人援助の基本のうえに成立する。習得に際しては、クラスのメンバーとの関係形成を実地に体験しながら学習することになるが、人間関係の得手・不得手もあり、偏りなくさまざまなタイプのメンバーと小グループを形成できるよう配慮する。

　留意しなければならないことは、メンバーになじめない履修生、別行動をとりたがる履修生の存在である。通信課程の履修生の場合、通信教育を選択する理由は、仕事との両立もむろんあるが、人との関係形成が苦手であるという理由が関与している場合も多い。したがって、演習担当教員はクラスに対して一律に一致した行動を取る「同調」や「団結」を求めるのではなく、互いの個別性を認め合い、窮屈さを感じさせないゆるやかな結合をつくっていくよう促さなければならない。

（3）個別支援、グループ支援を学ぶ

　対人援助の基本と関係形成を土台として、さらに個別支援の学習につなげる。個別支援は面接を想定しながら学習するのが一般的であるが、実践現場では構造化された面接の機会がもてない場合も多いので生活場面面接を想定し、利用者や家族との関係形成を通して気持ちを受け止め、状況を把握する方法の習得を図る。

　加えて、グループの場面における支援の方法が身につけられるようにする。一人ひとりを尊重しながら、グループに属するメンバーとして位置づけ、グループの独自の力と動きをいかに活用していくかは、実践における大きなテーマである。しかしながら、日本の社会ではどうしても和や団結が重視される。正当な自己主張を通して個々人が尊重されるというプロセスを演習で充分体験し、グループがそのような個々人から成立していることを理解できるような演習プログラムを組むことが重要である。

4. 相談援助演習中期の学習目標

（1）グループ編成への配慮

　演習ではクラスをいくつかの小グループに分けることが多いが、グループ編成と学習効果には密接な関係がある。要実習クラスの場合、実習を終了した、あるいは実習中である履修生と未体験の履修生を混在させる。混合クラスでは、実習免除者と未経験者をできるだけ偏りなく配置する、実習免除者クラスでは、分野の偏りをなくす等の配慮が必要である。

　これは同質性の高いグループより異質性の高いグループのほうが高い学習効果が得られるからであるが、その分、関係形成は難しくなるため、グループの凝集性を見定め、凝集性の低いグループには演習担当教員が介入することも必要となる。

（2）支援過程の理解と専門技法の習得

① 分析技法の習得と支援目標の設定

　実践で重要なのは、基本技法の土台に立った支援技法である。とくに分析技法は、利用者をアセスメントする際には不可欠で、獲得した多くの情報を整理、統合する力量が必要とされる。分析の仕方は状況によって、場面によって違いがあるため、複数の学習プログラムを用意し、安定した分析力が獲得できるように配慮しなければならない。的確な分析があればこそ、的確な支援目標が立てられることを実感できる学習を準備することが重要である。

② 支援過程の理解と専門技法の習得

　中期の演習では、事例にそって、ニーズや課題を抽出し支援計画を立てるトレーニングの機会を頻繁にもつ。その際、アセスメントから支援計画作成までの手順にそれほど大きな差異はないため、ひと通り身につけると機械的になる危険性がある。そこで演習担当教員は、グループディスカッションの場を活用し、作成した支援計画の根拠を他者に説明する機会をつくる必要がある。根拠を明確に示せることは、現場実践を的確に評価できることにつながる。支援の質の向上は評価の集積によって可能となるが、履修生が意識的でない場合も多く、演習で取り上げて強化することは重要である。

（3）支援方法を学ぶ

① 社会資源の活用・調整・開発

　地域特性の理解を促すとともに、「地域の社会資源」を効果的に活用する方法の習得を図ることは演習中期の大きな課題である。とくに現場実践者は、所属する施設・機関内の支援がすべてではなく、地域全体からみると、「社会資源の一構成要素での支援」を担っているという現状認識が必要となる。そのため、事業所内での支援にとどまらず、サービスを企画・開発することにも目

を向けなければならない。これには、従来の枠組みにとらわれない新たな発想が必要となるため、演習担当教員はディスカッションの場でグループの力を効果的に活用しながら、企画・開発力を育てる役割を負っている。

② さまざまな支援方法の把握

従来は支援者が所属する施設・機関によって相談機関は個別支援、地域団体では地域支援等支援方法が区分されていた。しかし、近年、支援を必要とする状況の複雑化に伴い、支援方法のレパートリーを増やすこと、さまざまな福祉制度・サービスに精通することは、支援者にとって必須のこととなっている。また、措置から契約への移行もあり、潜在的なニーズに目を向け、地域に出向いて状況を把握する必要性も生じている。加えて、関係機関が情報を共有し連携を取り合って支援することも日常化している。そこで演習では、個々の施設・機関の支援を地域の社会資源と有機的に結びつける支援のあり方や、地域のネットワーキングが理解できるような事例を取り上げながら、支援のレパートリーを増やせるよう心がける必要がある。

5. 相談援助演習後期の学習目標

(1) 包括的支援の理解

演習の最終段階としての目標は、支援の全体像を把握し、支援者としての立脚点を定め、必要な社会資源を創設するためにどこへ向けてどのように働きかければいいのかを理解することにある。しかし、相談援助の業務の多くは形の見えない調整が主であり、しかも生活レベルの細々した調整の連続であるため、大きな視座をもちにくい。演習で、個人および家族に対する支援と地域内の連携やネットワークを視野に入れるよう導くことは可能である。しかし、その大元である法律・制度や地域福祉計画、行財政のしくみとの関連性にまでつなげるには、演習担当教員が豊富な知識とスキルをもち、多彩な支援方法を統合していることが前提となる。

後期の演習においては、履修生一人ひとりが各科目の知識、相談援助の理論と方法、支援のスキルを再構成するとともに、履修生自身の倫理や価値観等を照合できるような演習の手法を独自に開発できるかどうかが問われることになる。筆者自身を省みても、手法の開発は途上にある。当面、演習担当教員は、題材とする一つの事例に十分な時間を割き、履修生が**図1-6**(p.22)に示したようなソーシャルワークの全体像を描けるよう導く。例えば、就労支援一つ例にとっても、生活保護受給者と障害者に対する支援は同一ではない。要保護者が最低生活からの脱却が目標となるのに対し、障害者は障害の特性を理解したうえでの雇用が目標となる。さらに、背景にある社会経済の状況と要保護者を生みだしている労働市場、障害者雇用の実情である。これらを一体として理解できるように導かなければならない。このように、現行の福祉制度・サービスにとどまらない視座の獲得がとくに重要である。

（2）支援困難事例への対応

　地域包括支援センター等では、一相談機関では解決しきれない支援困難な実例を抱えているが、地域にはそれ以上に支援に結びつけられない膨大な生活上の問題が潜んでいる。支援というと、相談機関にもち込まれてから開始する形を想起しやすいため、支援の手が届かず、「事件」として報道された実例等も活用しながら、生活上の問題が積み重なり、地域生活が破綻している現状を履修生が正確に把握する必要がある。背景には、利用者の個別性だけでなく、相談に対する動機づけの弱さ、問題の複合による家族内の要支援者の多さ、地域での孤立、制度の不備、社会状況の悪化等さまざまな要因が考えられる。したがって、支援困難とはどのような状況を指すのかをさまざまな角度から分析する力を育てることがとくに重要である。そのような力を育てることは、これまで利用者の個別性や特殊性に原因を求めたために生じた支援の限界を突破し、新たな支援の方向性を見出す目を養い専門性の強化につながるといえる。

6. クラスの形態ごとにみる指導の留意点

（1）要実習者クラス（Ⅰa型・Ⅰb型・Ⅱ型）

　実習を必要とするクラスでは、まず演習のたびに履修生の実習に関する進捗状況を把握する。通信教育の実習は、実習施設・機関と履修生の都合によって、実施時期に大きなばらつきがある。また実習日程については、23日間を前半と後半に分ける、体験的な実習を1週間行って、その後の実習まで日を開けるといった場合もあるので、教育機関の面接授業日程の組み方とも絡んで、実習と演習の関係はかなり複雑である。

　実習前と実習後の大きな差異は、演習での演習担当教員の言葉や場面設定の受け入れの度合いに現れる。実習前は、演習担当教員の説明を頭で理解できたとしても実感をもってイメージできないため、例えばロールプレイを用いても、形を模倣するだけである。しかし、1週間という短期間であっても、現場の日課や業務を肌で感じることで、演習担当教員の言葉の浸透は格段によくなる。このような理由から進捗状況の把握が必要となるのである。

　実習前はとくに実習を意識した教育プログラムを展開しなければならない。大きな目標は支援技法のなかの基本技法の習得である。そのためには、見る、聞く、話すという日常生活上の基本を、専門職としての支援技法に再構成する必要がある。しかし、基本技法である観察や傾聴は、演習で取り上げても実習には結びつかないということも、まれではない。したがって実習で成果を上げるためには、ひと通り体験するだけでなく、状況を変え、設定を変え、反復して身につけられるよう工夫する。とくに「聞く」の範疇の質問の技法や、「書く」の技法は、実習での疑問の解決や実習記録の作成と密接に関係する。前者では、質問の焦点を絞り、相手から答えを引き出す方法を学び、後者では記録を通して事実と主観を明確に区分し、偏りのない情報収集と分析の土台をつくる必要がある。

実習後の演習では、グループディスカッションにおいても体験に基づいて語ることができるようになるが、まだ体験の域を出ず、支援と深く結びつけられていないことが少なくない。また、実習は特定の分野で行われるため、高齢、障害、児童の各分野の差異に固執すると全体の理解が阻害されることがある。そこで、できるだけ視野を拡大し、支援活動全体を鳥瞰する視座をもてるような演習となるよう心がけなければならない。

23日間の実習は、期間が短いことのほかに、立ち位置が実習生であること、実習内容が必ずしも相談援助だけではないこともあり、1年間の実務経験には遠くおよばない。しかし、実習指導、実習巡回指導を通して履修生が利用者に対して、支援活動に対して、教科書から学ぶ以上の視野や視点を獲得したことはまぎれもない事実である。そこで、これらの視野や視点を十分に活かせる演習プログラムを組む必要がある。

また、取り上げる素材についても工夫が必要となる。演習で演習担当教員が用意する実践活動の事例は、守秘義務の観点からある程度加工されたものであり、地域も特定されない場合が多い。実習はある一定の分野で行われるが、体験したという生々しさがあり、集中的に深められているので、素材として活用することを検討したい。それには、演習の前に課題として予告する必要があり、活用するには現場の許可と理解が必要であることを履修生に十分説明しなければならない。ただし、説明しても、演習担当教員からの「宿題」と受け止めてしまう履修生は、実習施設・機関の事情や都合を無視した動きをすることがあるため、これを課す方法については十分に吟味しなければならない。

実習前と実習後の大きな差異は、自己に対する理解の深さである。実習では、利用者、現場実習指導者を含む職員の反応を通して自分にどのようなところがあるかを強く意識せざるをえない。しかし、ネガティブな体験をした場合には、そのままにしておくと自己を活用するまでには至らないため、演習で自己の活用の仕方に対する気づきを得られるようなプログラムを取り上げることは有益である。自分のことをいきなり語ることには抵抗が伴うため、ワークシートを活用し、グループ編成も少人数とする。継続してクラスをもつ場合は、前回のクラスにおける人間関係も考慮し、自己理解が得られやすいグループを編成する配慮が必要となる。

（２）混合型クラス（Ⅲ型）

介護などの実践現場での経験があったとしても、相談援助の実務経験とは一致しないため、要実習者には、福祉の世界に対するイメージがまったくもてない場合から、現場を熟知している場合まで幅広く含まれている。**表2-2**（p.55）に示したように、学習目標は実習免除者、要実習者によって異なり、二重構造になっている。個々の履修生に対する目配りとともに、異なる学習目標にクラスとしてどのように整合性をもたせるかを考えなければならない。

小グループであれば、当然両者が半々になるよう編成することになるが、この際、配慮すべき点は、現場実践の経験のない履修生の視点を上手に演習に取り入れることである。実践現場での経験があるということは、履修生には往々にして、プラスの評価をもって受け取られる。すでに現場実践に携わっているのであるから、経験のない履修生はそこから学ぼうとするからである。

しかし、それでは現場実践の経験のある履修生が教えるという立場になり、クラスの特徴を活かしきれない。むしろ現場実践の経験のない履修生の新鮮な視点をどのように演習に反映させるかが、演習担当教員の腕の見せどころといえる。それは現場実践の経験のある履修生にとって、経験に強く依拠した自分の実践を振り返ることになる一方、福祉を熟知していない市民がどのように考えているかを学ぶ機会ともなるからである。要実習者、実習免除者の力量の違いはあるが、後期には可能なかぎりピアスーパービジョンとなるよう演習を組み立て、自己理解と自己活用についての意識化を図ることも重要である。

（3）実習免除者クラス（Ⅳ型）

　先にも述べたように、1年以上の「相談援助とみなされる」職種での経験があれば実習が免除されるので、経験が豊富にあるとはいえない場合も多い。また、豊富な実践を有していても、アンケートやレポートの記述を見ると、履修生は「経験的に自己流で支援を行ってきた」と感じていることが多い。したがって、Ⅳ型の履修生に対する演習の意義は、どの時期においても、支援技法、支援方法を改めて意識化し、振り返り、点検することにある。

　また、すでに現場実践に従事しているため、社会資源との適合性の観点から支援を組み立てる傾向が強い。例えば、ニーズを把握するに際しても、複数の可能性を考えずいきなり適合するサービスを探し出し、即座に支援計画を立てるといった対処法が散見される。社会資源の活用だけが支援ではないこと、サービスに利用者をあてはめるのではなく、ニーズに合わせてサービスを結びつけ、不足するサービスについては企画し、開発することが求められていることをとくに強調する必要がある。社会資源の活用のみに終わりがちなことは、そのまま評価技法習得の弱さに直結する。サービス評価のレポートを見ると、支援について利用者と家族、関係機関、地域というさまざまな角度から検討するというより、支援の成否からのみ評価されているものが少なくない。現場実践の科学化のためにも、個別支援における利用者の満足度や支援者の感覚だけでなく、連携や地域支援の視点も加味し、支援を総合的に評価できる技法を身につけられるよう導く必要がある。

　また、実習免除者にとって、中期、後期は現場実践に対するスーパービジョンの機会でもある。教員とのスーパービジョン関係だけでなく、履修生同士のピアスーパービジョンを通し、自己理解を図り、自己を効果的に活用する方法を学ぶ機会を提供する。

　さらに、組織内の業務に終始せず、地域に潜在するニーズを発見し、支援に結びつけるアウトリーチや、組織を超えて社会に働きかけるソーシャルアクション、ネットワークの形成等、支援方法のレパートリーを拡大することも演習を通して可能となる。このように、演習による多面的な学習を熟知し、教員はできるだけ多くの要素を学習できるように、演習を組み立てる役割を負っているといえる。

第3章 効果的な相談援助演習形態の活用

1. 相談援助演習を担当するにあたって

　演習という授業は、ソーシャルワークの理論を含む科目学習が統合されてはじめて、ソーシャルワーク実践へとつながりうる。このことを考えると、既知のこととは思うが、まずソーシャルワーク専門教育とソーシャルワークの専門性について確認しておく。

(1) ソーシャルワーク専門教育

『ソーシャルワークの定義；ソーシャルワークの倫理：原理についての表明；ソーシャルワークの教育・養成に関する世界基準』[3]において、「ソーシャルワーク専門職」、「ソーシャルワークの倫理：原理についての表明」、そして「ソーシャルワークの教育・養成に関する世界基準」が記載されている。ソーシャルワーク教育の目的は、ソーシャルワーク専門教育を行うことである。そのなかで、「コア・カリキュラムに関する基準」が示され、「社会的支援及び発達・擁護・予防・治療的介入を目的としたプログラムの設定目標－それは当該のプログラムの特定のねらい又は専門的実践が目指す方向性に応じて異なる－を達成することができるアセスメント、関係構築、援助過程について十分な実践技能と知識が教授されなければならない」と明記されている。ソーシャルワーク専門職を育てるために「実践技能と知識の教授」の方法の一つとして、「演習」という学習形態がある。

(2) ソーシャルワークの専門性の共通基盤と専門性

　H.M.バートレットは、『社会福祉実践の共通基盤』[4]において、「ソーシャルワーク・プラクティスの定義に関する起案」を提示している。「ソーシャルワーク専門性の共通基盤」の考え方を図式化した**図2-2**を示す。ソーシャルワーク実践において、ソーシャルワークの専門価値、専門知識、専門技術をソーシャルワーク専門性の共通基盤とすること、これが「ソーシャルワークの共通基盤」という考え方であった。

　1981年9月、全米ソーシャルワーカー協会が提示した「ソーシャルワーク実践」の定義を述べる。ソーシャルワーク実践の定義」を**図2-3**のように概略化して示す。

---

3) 国際ソーシャルワーク学校連盟・国際ソーシャルワーカー連盟・日本社会福祉教育学校連盟『ソーシャルワークの定義；ソーシャルワークの倫理：原理についての表明；ソーシャルワークの教育・養成に関する世界基準』(相川書房、2009)
4) H.M.バートレット、小松源助訳『社会福祉実践の共通基盤』(ミネルヴァ書房、1978)

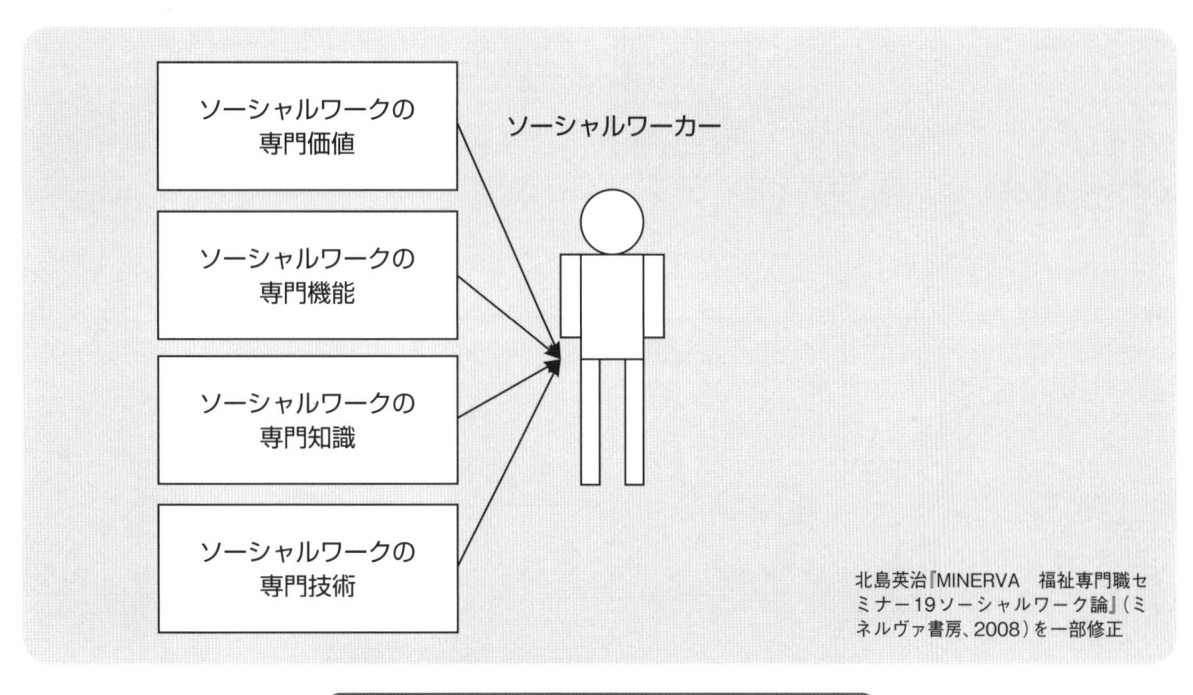

```
┌─────────────────────────────────────────────────┐
│  ソーシャルワークの                              │
│     専門価値        ソーシャルワーカー           │
│                                                 │
│  ソーシャルワークの                              │
│     専門機能                                    │
│                         →  [人型]               │
│  ソーシャルワークの                              │
│     専門知識                                    │
│                                                 │
│  ソーシャルワークの                              │
│     専門技術                                    │
│                                                 │
│           北島英治『MINERVA 福祉専門職セ        │
│           ミナー19ソーシャルワーク論』(ミ       │
│           ネルヴァ書房、2008)を一部修正         │
└─────────────────────────────────────────────────┘
```

図2-2　ソーシャルワーク専門性の共通基盤

ソーシャルワーク実践（social work practice）は、以下の4つの事柄（目標 Goal）に対する専門的責任ある援助（介入 intervention）からなる。

(1) 人々（people）に対しては、その成長、問題解決、対処能力を強化する（enhance）。

(2) 制度（system）に対しては、人々に社会資源やサービスを提供する効果的で人道的な制度を発展させる（promote）。

(3) 社会資源、社会サービス、社会的機会を与える制度と人々を連携する（link）。

(4) 政策（social policy）に対しては、その改善と発展に貢献する（contribute）。

出所：NASW、1981

図2-3　ソーシャルワーク実践（social work practice）の定義

　以上をより簡略化して示したのが**図2-4**である。ソーシャルワーク実践の対象として、(1)人々、(2)制度、そして(3)その両者の連結、そして、(4)政策へと統合的に関わる実践が強調されている。

　最後に、以上の専門職のイメージにおいて、図2-2と図2-4を一つにまとめたものが**図2-5**である。

　ソーシャルワークの専門性をもつソーシャルワーカーとは、ソーシャルワーク実践において、ソーシャルワークの専門価値、専門知識、専門技術を共通基盤とする。ソーシャルワーク実践における介入として、人と制度に関わり、その両者を連結し、その制度が整っていない場合、制度変革、あるいは新たにつくり出すための政策の策定に関わる。

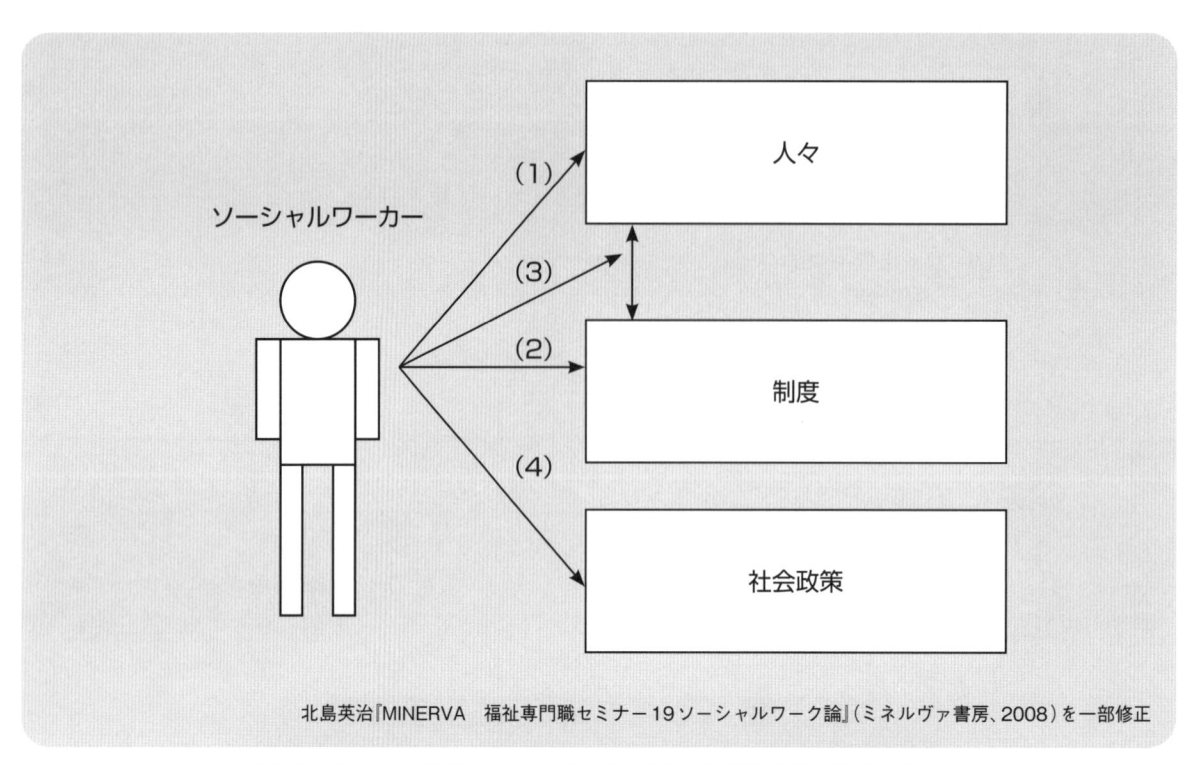

第Ⅱ部 ソーシャルワーカーを育てる相談援助演習担当教員

北島英治『MINERVA　福祉専門職セミナー19 ソーシャルワーク論』(ミネルヴァ書房、2008)を一部修正

図2-4　ソーシャルワーク実践

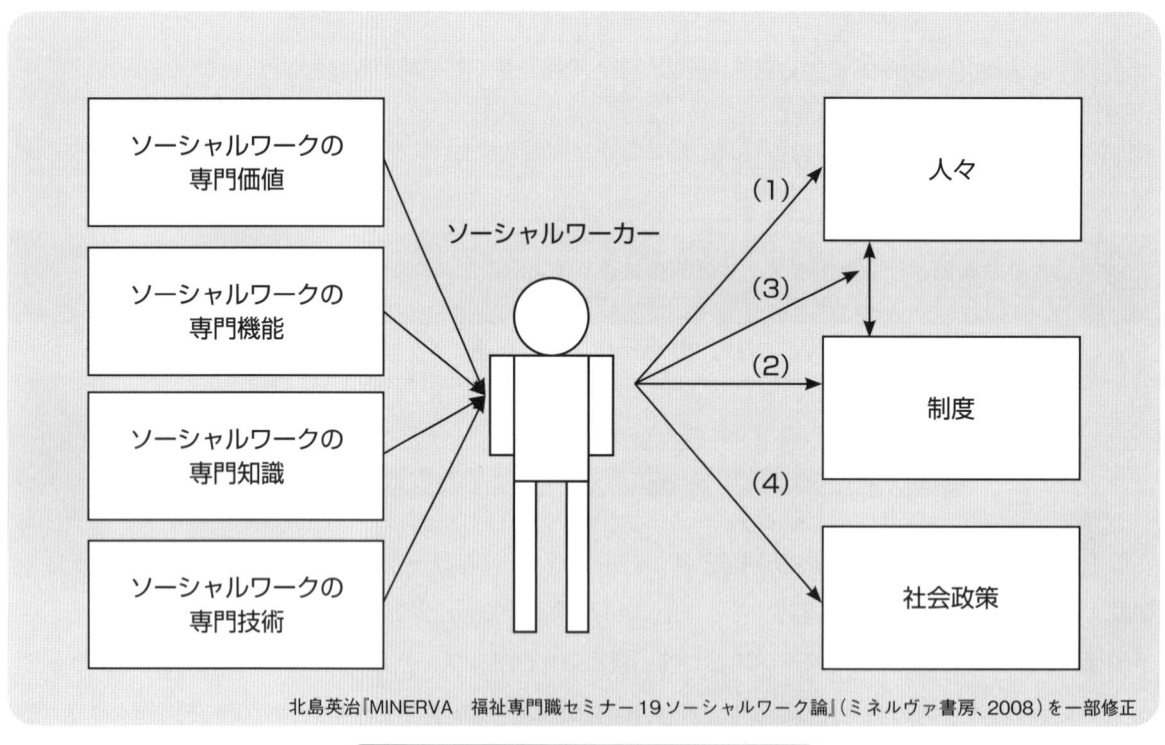

北島英治『MINERVA　福祉専門職セミナー19 ソーシャルワーク論』(ミネルヴァ書房、2008)を一部修正

図2-5　ソーシャルワークの専門性

2.「演習」を通しての専門性の習得と基盤となるソーシャルワーク理論

　くり返すと、ソーシャルワークの専門性とは、専門価値、専門機能、専門知識、専門技術を意味する。その専門知識とは、ソーシャルワークの方法や理論、あるいは各種のモデル、アプローチを意味する。それらは、「知っている」ということであり、多様な理論や方法を知識として広く学習することである。専門技術とは、その知識を知っているだけでなく、その理論と方法に則り、ソーシャルワーク実践が「できる」ということを意味する。多様な理論や方法に基づく専門技術が「できる」ように、演習を通して、それらを身につけることを意味する。その知識と技術、つまり、「知っている」と「できる」を体得する方法が演習である。そして、その演習は、現実の場面における実習（実践）としてつながっている。

　そのために、専門性の要素としてのソーシャルワークの理論を概観し、これらのなかから、演習に活用できる理論についても触れておく。

（1）ソーシャルワークの理論・方法の概観

　ロバーツとニーは、シカゴ大学におけるシンポジュウムの議論を通して、『ソーシャル・ケースワークの理論』[5]としてまとめている（**表2-3**）。ソーシャル・ケースワークの理論だけでなく、ソーシャルワーク実践の理論・方法の歴史的変遷を、ここでは、大きく三つに区分して、主要な文献をあげておこう（**表2-4**）。主要な英文原著も「付録」として章末に添付したので、ソーシャルワーク実践の理論・方法・技術に関する専門知識を修得するための一助としてほしい。

表2-3　ソーシャル・ケースワークの理論

ソーシャル・ケースワークの理論（一般的アプローチ）	執筆者
①ケースワーク・プラクティスへの心理社会的アプローチ	フローレンス・ホリス
②ケースワーク・プラクティスへの機能的アプローチ	ルース・E・スモーレイ
③ソーシャル・ケースワークにおける問題解決モデル	ヘレン・H・パールマン
④行動変容とケースワーク	エドウイン・J・トーマス

ソーシャル・ケースワークの理論（中間的アプローチ）	執筆者
⑤家族療法の理論とプラクティス	フランシス・シェルツ
⑥短期療法としての危機介入	リディア・ラポポート
⑦社会化とソーシャル・ケースワーク	エリザベス・マックブルーム

出所：ロバート.W.ロバーツ，ロバート.H.ニー編著『ソーシャル・ケースワークの理論』（川島書店、1970）

5）ロバート.W.ロバーツ，ロバート.H.ニー編著、久保紘章訳『ソーシャル・ケースワークの理論』（川島書店、1970）

第Ⅱ部 ソーシャルワーカーを育てる相談援助演習担当教員

表2-4 ソーシャルワーク実践の理論・方法と基本文献

Ⅰ．(1910-1970年)ソーシャルケースワーク、グループワーク、コミュニティ・オーガニゼションの成立
1917年　『社会診断』(リッチモンド)
1922年　『ソーシャル・ケース・ワークとは何か?』(リッチモンド)
1930年　『ソーシャル・ケース・ワークにおける心理学の変遷』(ロビンソン)
1940年　『ソーシャル・ケース・ワークの理論と実践』(ハミルトン)
1941年　『ソーシャル・ケースワークの基礎概念』[6](アプテカー)
1955年　『コミュニティ・オーガニゼション:理論と原則』(ロス)
1957年　『ソーシャル・ケースワーク:問題解決過程』(パールマン)
1957年　『ケースワークの原則』(バイスティック)
1963年　『ソーシャル・グループ・ワーク:援助過程』(コノプカ)
1964年　『ケースワーク:心理社会療法』[7](ホリス)
1967年　『ソーシャルワーク・プラクティスの理論』(スモーレー)[6]
1970年　『ソーシャル・ケースワークの理論』(ロバーツ、ニー編纂)[8]
Ⅱ．(1970－1980年)ソーシャルワーク実践の発展
1970年　『ソーシャルワーク・プラクティスの共通基盤』(バートレット)
1970年　『ソーシャルワーク・プラクティス:都市の危機への対応』(メイヤー)
1971年　『一般システムアプローチ:ソーシャルワークの全体論的概念への貢献』(ハーン)
1972年　『課題中心ケースワーク』(ライド、エプスタイン)
1973年　『ソーシャルワーク・プラクティス:統合アプローチ』(ゴールドシュタイン)
1973年　『ソーシャルワーク・プラクティス:モデルと方法』(ピンカス、ミナハン)
1974年　『ソーシャルワーク・トリートメント』(ターナー編纂)[9]
1975年　『ソーシャルワークの過程』(コンプトン、ギャラウエー)[9]
1975年　『ソーシャルワーク・プラクティス入門』(シポリン)
1976年　『ブラック・エンパワーメント』(ソロモン)
1970年　『ソーシャルワーク・プラクティス:変化している風景(第2版)』(メイヤー)
1977年　『統合化ソーシャルワーク方法』(スペクト、ヴィッケリー)
1980年　『ソーシャルワーク・プラクティスのライフ・モデル』(ジャーメイン、ギッターマン)
Ⅲ．(1980－2000年)ジェネラリスト・ソーシャルワーク実践の進展:ジェネラリスト、ストレングス、エンパワメント、コンストラクティビズム／コンストラクショニスト
1983年　『ソーシャルワーク・プラクティス:ジェネラリスト・アプローチ』(ジョンソン)
1984年　『ソーシャルワーク・プラクティスのジェネラル・メソッド』(オニール)
1991年　『ソーシャルワーカーのための構築主義入門』(フィシャー)[10]
1992年　『ソーシャルワーク・プラクティスにおけるストレングス・パースペクティブ』(サリーベイ)[11]
1993年　『ソーシャルワーク教育の見直し:社会構成主義・アプローチ』(レアード編)
1998年　『プラクティスにおける構築主義:方法と挑戦』(フランクリン／ニュライアス編)[10]
1998年　『ソーシャルワーク・プラクティスにおけるエンパワメント』(グティーエス他編)[11]
2000年　『構成的ソーシャルワーク:新しいプラクティスへ』(パートンとO'Byrne)

北島英治『MINERVA　福祉専門職セミナー19ソーシャルワーク論』(ミネルヴァ書房、2008)を一部修正

(2) ロジャースの「クライエント中心療法」

　カール・ロジャースは、『カウンセリングと心理療法』[12]、『クライエント中心療法』[13]などを著わしている。ロジャースは「カウンセリング」や「クライエント中心療法」を創出するうえで、当時のケースワーカーやケースワーク実践例を参考にしている。『カウンセリングと心理療法』の巻末の付録(pp.439-445)のなかで、影響を受けたものとして、「関係療法は、オットー・ランクの考え方を源として、いろいろな(ケース)ワーカーにより修正されたり、出版されてきたものからか

---

6) 機能主義ケースワーク
7) 診断主義ケースワーク
8) ソーシャル・ケースワーク理論の編纂
9) ソーシャルワーク理論の編纂
10) 構成主義／構築主義
11) エンパワメント・アプローチ

たちづくられてきた見方である。」(pp.439-440) と述べている。その参考文献のなかには、当時、ケースワークの理論を発展させていったフローレンス・ホリスの文献、ケースワーク実践の研究が多く発表されているスミス・カレッジ研究論文雑誌からの二つの論文、ジェッシー・タフトのランク理論に基づく児童の二つの事例に見ることができる。

そこで、当時、ケースワーカー達が発展させていたフロイドの「精神分析」からの影響を受けた診断主義ケースワークと機能主義ケースワークの理論と技法の違いを理解するためにも、ランクの「意志療法」と機能主義ケースワークのいくつかの文献を参考にして、その後、カール・ロジャースが発展させた「カウンセリング」と「クライエント中心療法」の技法を、ここで概観しておこう。ロジャースは、「古い方法」と「新しい方法」を比較している(以下の表は『カウンセリングと心理療法』から文章を引用して作成した。文章中の[　]は筆者が書き加えた)。

【古い方法】
① 悪評高き諸方法：もっとも古い技術の一つは、[命令]と[禁止]によるものである。歴史的な興味に関連する第二のアプローチは、[説得]と呼ぶべきものである。そこでは[誓約]や[約束]が用いられてきた。第三のアプローチは、[励まし]や[勇気づけ]という意味での[暗示]の利用である。「あなたはよくなってきていますよ」「なかなかよくやっていますね」「あなたは改善しつつありますよ」
② カタルシス：古典的な系譜につながる別の心理療法的アプローチは、[懺悔]あるいは[カタルシス]の技術である。懺悔の場は何世紀にもわたってカトリック教会で使用されてきた。」
③ 助言の使用：日常的に用いられている心理療法のもう一つのタイプは、[助言]と[指導]である。「もしも私があなただったら……」「……というように考えてみたらどうでしょう」「……すべきではないでしょうか」
④ 知性化された解釈の役割：もう一つの心理療法のアプローチがある。それは[説明]や[知的解釈]によって人間の態度を変容しようとする試みと呼べるものである。

基本的な仮定

不適応の個人に対するここまで述べてきたアプローチは、(一つのものを除く)すべてが次のような二つの基本的仮定を共有している。まず、これらのアプローチでは、カウンセラーこそが、個人の目標がいかなるものであるべきかを決定し、また、命令と禁止、暗示と個人的影響や、さらに解釈といったアプローチにあてはまる。カタルシスを除くこれらのすべてが、カウンセラーによって選択された目標としてもっている。さらに第二の基本的な仮定は、カウンセラーは専門的吟味によって、選択された目標にもっとも効果的な方法でクライエントを到達させる技術を見だすことができる、というものである(邦訳p.24-31の要約)。

【新しい方法】

この新しいアプローチは、あるまさに新しい目的をもつという点において、古いアプローチとは異なっている。このアプローチは、もしもカウンセラーが問題解決の手助けをするならば、これこれの結果が生じるだろうと期待するよりもむしろ、人間がより大きな自立と統合へと向かう方向を直接的にめざすものである。その焦点は、問題にではなく人にある。その目的は、ある特定の問題を解決することではなく、個人が現在の問題のみならず将来の問題に対しても、より統合された仕方で対処できるように、その個人が成長するのを援助することである(邦訳p.32)。
① 第一に、この新しいアプローチは、人間の成長や健康、適応へと向かう動因について、きわめてより大きい信頼を寄せている。心理療法とは個人に対して何かをなすことでもなければ、自分について何かをするように個人を仕向けることでもない。心理療法とはそうではなくて、自然な成長や発達へと向かうために個人を解きは放ち、再び前進できるように障害となっているものを取り除くことなのである(邦訳p.32)。
② 第二に、この新しいアプローチは、知的な側面よりも、情緒的な要素や状況にたいする感情的な側面に、より大きな強調点をおいている(邦訳p.32)。
③ 第三に、この新しい心理療法は、人間の過去よりも、今ここでの状況により大きな強調点をおいている(邦訳p.32)。

また、この新しい見解がもつさらに総括的な特性について言及しておくべきであろう。このアプローチは、この分野で初めて、成長の経験としての心理療法の関係それ自体を重視するものである。前述した他のアプローチではすべて、個人は面接時間を終えたあとに成長し、変化し、よりよい決定をするようになると期待されている。しかしこの新たな実践のなかでは、心理療法的接触それ自体が成長の経験である。個人はここで、自分自身を理解し、重要な自立的選択を行い、より成熟したやり方で他者とかかわることなどを学ぶのである(邦訳p.33)。

---

12) カール・ロジャース、末武康弘・保坂亨・諸富祥彦共訳『カウンセリングと心理療法』(岩崎学術出版、1942)
13) カール・ロジャース、佐治守夫・飯長喜一郎訳『クライエント中心療法』(有斐閣、1983)

（3）バイスティックの「ケースワークの関係」

F.P.バイスティックが『ケースワークの原則（原著 The Casework Relationship）』において、専門的援助関係の基盤となる7つの原則をまとめている（**表2-5**）。日本でもソーシャルワーカーを目指す履修生の必読書の一つとされている。

表2-5　ケースワーク関係における7つの原則

①個別化
②感情の目的ある表出
③統制された情緒的関与
④受容
⑤非審判的態度
⑥クライエント自己決定
⑦秘密保持

3．理論と技術を連結させる「演習」例

（1）ビネットの利用：診断主義ケースワークにあてはめて

①演習例3：久保田さん（「診断主義ケースワーク」）について

先に、**第Ⅰ部第3章**において示した**演習例3**（p.34）において課題1、課題2、課題3を提示した。その演習とその課題を終えたあと、演習者が振り返って参考とするものとして、演習例3の解説を示した。ここでは、演習担当教員が、演習したものをより深め、あるいは新たな議論をするための参考として、以下の説明を補足しておく。

この変化をもたらすためには、いくつかの過程があるとホリスは指摘する。「第一として、久保田さんは自分の現在の行動が非現実的であったと気づいたことである。久保田さん自身が気づくことで、久保田さんの今後の反応を変化させるために十分なときがある。しかし、その変容が起きない場合、利用者自身が、その問題をさらに追求していけるよう、その動機を高める必要がある。第二として、父親から社長へのおき換え（displacement）（訳注：自我の防衛機制の一つ）が起きていることに久保田さんが気づいたことである。利用者の多くは、両親に対する憎しみについて気づくことがあるが、おき換えの事実には盲目である場合が多い。しかしながらもっと複雑なこととして、久保田さんのように、感情それ自身が半分隠されるということである。第三として、久保田さんの父親への怒りの強さに光をあてることになり、もっとも重要な第四の事柄であるが、その久保田さんの怒りに対するソーシャルワーカーの受容が行われ、その結果として、父親への怒りに関する久保田さんの罪悪感の減少をもたらしたことである。」

ホリスは、本事例に関する理論的説明を次のように述べている。「フロイドの理論的枠組みによると、この事例は古典的エディプス反応(classical oedipal reactions)である。久保田さんは、父親に対する解決されていない幼児期の(母親に対する性愛感と、父親との(訳注))競争関係を反映し、強化されたものであるところの思春期の出来事(父親に対する仕事上の競争関係(訳注))として思い出している。」

久保田さんのエディプス反応に対するソーシャルワーカーの技法として、ホリスは次のように指摘している。「しかしながらソーシャルワーカーは、どこの時点においても(久保田さんの)隠れている無意識にふみ込んでいるわけではない。しかしながら、久保田さんのエディプス的要素の強さは、いくつかの面で減少した：幼児期の体験をもととして起きた思春期の(父親との競争心への)反応をくり返すことは少なくなった；"父親タイプの人"に対する幼児期に形成された歪曲反応は取り除かれた；そして、意識のなかでは、(父親への)感情は枯れてなくなり、父親の権威ある像は薄れ、結果として、罪悪感を持つことや破壊的、防衛的行動を取る必要が少なくなった。」

「久保田さんの例で、浮かび上がってきた無意識の内容は、例えあったとしても、非常に少ないものであった。むしろ、それは前意識の性質のものであった。ケースワークにおいて、無意識の材料が浮きあがってくることは非常に少ないし、久保田さんとその息子との複雑な関係に見られるテーマが、このことをよく示している。」

「久保田さんは、息子が積極的で、勇ましい子であることを望んでいた。なぜなら、久保田さんが言うように、自分自身が子どものときに弱くて、繊細であったからであった。なお、久保田さんは息子に対して、非常に過保護になる時があった。例えば、息子と一緒に町の通りを渡るときには、息子と手をつなぐようにしていた。このことを話しているとき、久保田さんは息子を"次郎"と、突然、呼ぶことがあった。この言い間違いをソーシャルワーカーが指摘すると、"次郎"は久保田さんの弟であり、6歳のときに通りに出て自動車事故に遭い、亡くなったことを久保田さんはソーシャルワーカーに語った。弟の事故死は、父親が亡くなった数か月後のことであり、久保田さんは18歳であり、長男として父親が家族に負っていた責任を引き継いだ後の出来事であった。弟の死について詳しく語ったとき、その事故を知り非常なショックを受け、身元確認のために、死体保管所で弟の亡骸を見て気を失しなってしまったと打ち明けた。しかし、それと同時に、その時に泣かなかったことと、母親の悲しみには驚くほど無関心であったと言った。そのことを久保田さんは話しながら突然激しく泣き始め、気持ちを抑制することは困難であった。自分の子どもに対する過保護な態度と弟の事故死とを、久保田さんが、関連付けることはまことに容易なことであった。」

「事故の事実はけっして忘れられることはなかったけれど、その感情の多くの部分が抑圧された。その感情の解放は、弟の死の出来事が久保田さんの行動にずっと及ぼしてきた影響力を、おそらく減少させることになったであろう。弟から息子への感情転移に気づくことで、現実に対処できる方法をおそらく久保田さんに与えたであろう。久保田さんの否認にも関わらず、弟の事故死に対して非合理で無意識の罪悪感を抱いたと考えられる。そこで、弟の事故死は久保田さんの責任ではないという事実をソーシャルワーカーが受容することによって、久保田さんの罪悪感を少しだけ減

少させたのかもしれない。久保田さんの息子に対する過保護が続くならば、久保田さんの弟に対する罪の意識に光をあてることによって、その罪悪感を減少させることがソーシャルワーカーに望まれる。」

「幼児期の事柄を調べた両方の例において、経済原理が働いていることに気づいてほしい。ケースワーカーは、利用者の社会適応の改善をもたらすために必要であると思われる限りにおいて、幼児期の事柄を調べた。最初の例では、強調点が久保田さんの攻撃性と恐怖感を変更することに置かれた。その攻撃性と恐怖感は、父親との幼児期における関係を大人になった現在の関係へともち越したものであり、久保田さんの職場の問題をつくり出した社長への不適切な対応の仕方の原因となっていた。その幼児期の感情に気づき、その感情は現在の生活に現在も存在し、破壊的な力を発揮していることを自覚するよう、久保田さんの現在の大人の自我に働きかけられた。

　第二の例として、弟の死に関する感情からの開放と、弟に感じていた気持ちと自分の息子との関連に気づくことにより、自分の子どもへの対応に関する不一致を克服することができた。自我の適応しようとする力と、幼児期からの未解決問題によって動機付けられた行動へと駆り立てる衝動との間の調和は、久保田さんの現在の大人の自我によって達成された。幼児期からの未解決の問題から引き起こされる力が減少することで、職場と息子との関係における機能を改善することを久保田さんは達成することができた。」

（2）「診断主義ケースワーク」に求められる面接

　診断主義ケースワークにおける面接は、過去を問題とする。そこで、技法としては、ホリスのいう「発生的反省的考察技法」等がある。そこで、面接の三つの焦点化（時制－過去・現在・未来）についての理解が必要となる。その面接を時制の視点による概略図の演習例を以下に示しておく（**図2-6**）。

①演習課題補足例
■課題1

　ソーシャルワーカーと利用者のロールプレイを行います。どちらが最初にソーシャルワーカーの役割となるか、ジャンケンで決めてください。時間も設定します（5分から10分間程度）。

　昨日の食事のことで話し合うということと、利用者になった場合、個人的（パーソナル）なことや話したくないことは話す必要はない、ということをあらかじめ両者で確認しておくことです。利用者は話をつくってもかまわないことも確認しておきます。

　ソーシャルワーカーになった人は、「昨日の晩は何を食べましたか」という「質問（技法）」からはじめてください。そして、相手の昨日の食事をしている状況を、あたかも目の前に展開しているかのように、現在の状況に関する「反省的話し合い技法」（ホリス参照）を使用することにより、その食事状況を明らかにしていってください。その場の物理的環境、例えば、何を食べていたのか、テレビを見ていたのか、腰掛に座って食べていたのか、座敷に座ってい

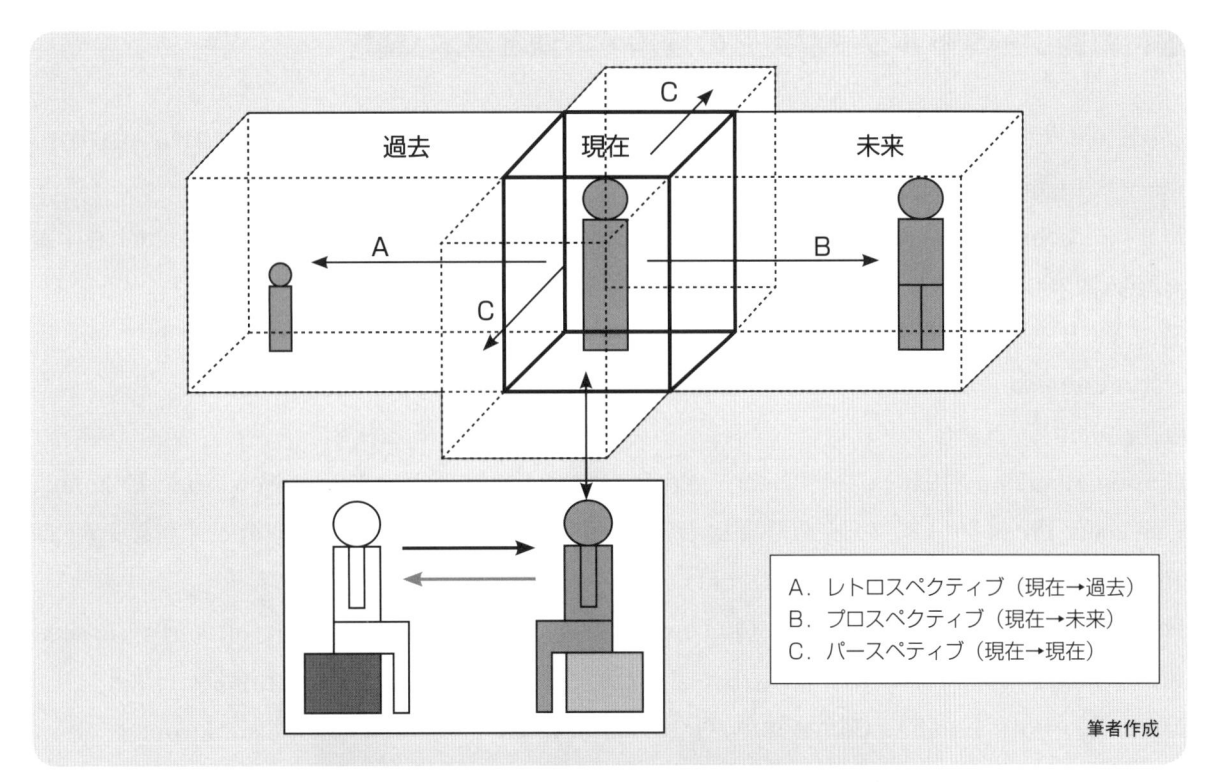

第3章　効果的な相談援助演習形態の活用

図2-6　時制からみた面接の3つの視点

（図中ラベル）
過去　現在　未来
A. レトロスペクティブ（現在→過去）
B. プロスペクティブ（現在→未来）
C. パースペティブ（現在→現在）
筆者作成

たのか等の具体的な、見えて、聞こえて、匂って、触って、味わっている状況を、利用者と一緒に明らかにしていきます。

また、誰といたのか、楽しく話していたのか、けんかをしていたのか等の対人関係も明らかにします。そのときの利用者の思いや感情も明らかにすることもできます。利用者は基本的には、昨日の食事に関する事実を話すとよいでしょう。ただし、プライバシーに関わることを話す必要はありません。話を創作してもかまいません。どのくらい、その食事の場が明らかになるかを試みてください。

ロールプレイ終了後に、二人でその結果を話し合ってみましょう。ロールプレイを録音テープやビデオに撮って、それを聞きながら、見ながら議論することもできます。利用者も、そのときには注意を払わなかったことや、気がつかなかったことにも、あらためて気づくようになり、いろいろなことが明らかになるかもしれません。

■課題2

「中学校の卒業式（あるいは、高校の卒業式）のことを覚えていますか」という質問からはじめてください。少し、過去にさかのぼった質問をすることもできます。ただし、「発生的反省的考察技法」（ホリス参照）は、とくに注意して使用しなければならない技法です。けっして無造作に行ってはならないことです。しかし、相手の幼児期の心的外傷（トラウマ）のあった過去までさかのぼる必要があると専門的に判断したときは、利用者とのコンセント、面接の構造化、スーパービジョンを受けられる体制が整っている等の状況で行うべきでしょう。

■付録■ソーシャルワーク実践の理論・方法と基本文献

ソーシャルケースワーク、グループワーク、コミュニティ・オーガニゼーションの成立（1910〜1970年）

Mary E. Richmond (1917). Social Diagnosis. New York: Russell Sage Foundation.

Mary E. Richmond (1922). What Is Social Case Work? New York: Russell Sage Foundation 杉本義一訳『人間の形成と発見―ソーシャル・ケースワークとはなにか―』誠心書房、1963

Virginia P. Robinson (1934). A Changing Psychology in Social Case Work. The University of North Carolina Press.『ケースワーク　心理学の変遷』V．P．ロビンソン著、杉本照子訳、岩崎学術出版社、1969

Gordon Hamilton (1940). The Theory and Practice of Social Case Work. New York: Columbia University Press.『ケースワークの理論と実際上・下』有斐閣　三浦（上は1960年訳）中村優一（下は1964年の訳）

Herbert H. Aptekar (1941). Basic Concepts in Social Casework. University of North Carolina Press.『機能主義ケースワーク入門』H．H．アプテカー著、黒川昭登訳、岩崎学術出版社、1968

Muray G. Ross (1955). Community Organization: Theory and Principles. Harper & Row, Publishers.『コミュニティ・オーガニゼーション理論・原則と実際』マレー・G・ロス著、岡村重夫訳、全国社会福祉協議会、1968

Helen Harris Perlman (1957). Social Casework: A Problem-Solving Process. Chicago: University of Chicago Press.『ソーシャル・ケースワーク：問題解決の過程』ヘレン・H・パールマン著、松本武子訳、全国社会福祉協議会、1967

Felix P. Biestek (1957). The Casework Relationship. Chicago: Loyola University Press.『ケースワークの原則』F.P.バイスティック著、田代不二男・村越芳男訳、誠信書房、1965

Gisela Konopka (1963). Social Group Work: A Helping Process. Prentice-Hall, Inc.『ソーシャル・グループ・ワーク：援助の過程』ジゼラ・コノプカ著、前田ケイ訳、全国社会福祉協議会、1967

Florence Hollis (1964). Casework: A Psychosocial Therapy. New York: Random House.『ケースワーク：心理社会療法』フローレンス・ホリス著、本出祐之・黒川昭登・森野郁子訳、現代精神分析双書、岩崎学術出版社、1966

ソーシャルワーク実践の発展（1970〜1980年）

Hrriett M. Bartlett (1970). The Common Base of Social Work Practice. New York: National Association of Social Workers. 小松源助訳『社会福祉実践の共通基盤』ミネルヴァ書房、1978

Howard Goldstein (1973). Social Work Practice: A Unitary approach. University of South Press.

Allen Pincus and Anne Minahan (1973). Social Work Practice: Model and Method. Itasca, IL: F.E. Peacock.

Francis J. Turner (Edited) (1974). Social Work treatment: Interlocking Theoretical Approaches. The Free Press. 米本秀仁監訳『ソーシャルワーク・トリートメント』中央法規出版、1999

Barbara Bryant Solomon (1976). Black Empowerment: Social Work in Oppressed Communities. Columbia University Press.

Carol H. Meyer (1976) (2nd Edition). Social Work Practice: The Changing Landscape. New York: Free Press.

Harry Specht and Anne Vickery (Edited) (1977). Integrating Social Work Methods. George Allen & Unwin Ltd.『社会福祉実践方法の統合化』ハリー・スペクト／アン・ヴィッケリー編、岡村重夫・小松源助監修訳、ミネルヴァ書房、1980

Carel Germain and Alex Gitterman (1980). The Life Model of Social Work Practice. New York: Columbia University Press

Carel Germain, Ecological social work.『エコロジカル・ソーシャルワーク：カレル・ジャーメイン名論文集』カレル・ジャーメイン他、小島蓉子訳編著、学苑社、1992

ジェネラリスト・ソーシャルワーク実践の進展(1980～2000年)

Louise C. Johnson and Stephen J. Yanca (2001) (7th Edition). Social Work Practice: A Generalist Approach. Allyn and Bacon.『ジェネラリスト・ソーシャルワーク』L.C.ジョンソン・S.J.ヤンカ著、山辺朗子・岩間伸之訳、ミネルヴァ書房、2004

その他の文献

Lorraine M. Gutiérrez, Ruth J. Parsons, and Enid Opal Cox (1998). Empowerment in Social Work Practice: A Sourcebook, Brooks/Cole Publishing Company.『ソーシャルワーク実践におけるエンパワーメント：その理論と実際の論考集』L.M.グティエース、R.J.パーソンズ、E.O.コックス編、小松源助監訳、相川書房、2000

William J. Reid and Laura Epstein (1972). Task-centered Casework. Columbia University Press.『課題中心ケースワーク』W.Jライド／L.エプスタイン著、山崎道子訳、誠信書房、1979

第4章 授業計画づくり

1. シラバス作成

（1）シラバスとは

シラバスとは、履修科目全体の概要や目的、各回の目標と具体的な内容、評価方法などを示したもので、授業展開における履修生と各科目を担当する教員の契約書ともいえる。この履修生との契約書であるシラバスが存在する意義・ねらいとして、次のようなものが考えられる。
　①履修科目がカリキュラムのなかでどのような位置づけであるかを理解する
　②履修科目の目的や意義を履修生に理解させることを通して履修生の学びを助ける
　③履修科目の評価における履修生と科目を担当する教員のトラブルを防ぐ
　④科目を担当する教員の企画する具体的な授業計画の準備に役立つ
　科目を担当する教員は、これらを意識してシラバスを作成することになるが、シラバスの様式や内容は教育機関ごとに異なる。したがって、一般的に共通していると思われる項目をあげ、簡単に説明する。

（2）シラバスに記載される項目・内容

①履修科目名と科目担当教員名

　シラバスには、履修科目名と科目を担当する教員名を記載する。複数の教員が担当する科目のシラバスには、担当する教員全員の名前を記載しなければならない。なお、各科目担当教員はこのシラバスに基づいて個別シラバスを作成することになる。教員別に作成するシラバスの場合は、履修科目名と科目担当教員1名の名前を記載する。

②履修年次・学期・単位（時限・講義教室）

　履修生に対して提示する科目の基本情報には、履修できる年次（しなければならない年次）、半期科目（前期または後期）か通年科目（1年を通した科目）か、単位数などがある。通常、何時間目の授業で教室の場所はどこかなどは時間割表に記載され履修生に別途提示されるが、シラバス作成時に時限と教室が決まっている場合は必ずシラバスに記載する。

③履修科目の学習目的・到達目標

　シラバスの核となるのは、この学習目的と到達目標である。履修科目のねらいを示し、履修生

の学習目的を明記した文章は、履修生と科目担当教員間の重要な契約内容である。科目担当教員は履修における約束事であることを意識して作成する必要がある。なお、到達目標とは、履修科目を通してどのような知識や技術を体得できるか、体得しなければならないかを具体的に示したものである。換言すれば、履修生に期待する学習効果ともいえる。

④履修科目のカリキュラムにおける位置づけ・履修要件・他の科目との関連

当該履修科目が全体のカリキュラムのどの位置にあり、どのような役割や目的、専門性をもっているかを説明することは、当該履修科目と他の科目との関連性の理解を促すことに役立つ。また、当該科目を履修する際の要件として、受講までに習得しておくことが望ましい知識・技術、履修科目名の明記も履修科目のカリキュラム上の位置を理解することを助ける。

⑤授業概要

授業の全体像を示すのが授業概要である。学習目的や到達目標に含まれるキーワードを挿入し、履修生が具体的に授業をイメージできるよう記述することが望ましい。

⑥各回の授業内容

半期科目では15回、通年科目では30回の授業内容を明記しなければならない。ここは各回の学習目的・達成目標および具体的な授業の進め方を履修生に提示する部分である。各回が講義形式か演習形式かについても記載する。小テストを行う予定があれば、その時期なども記載する必要がある。調べたことを発表する予定などを入れた場合も必ず記載する。シラバスは履修生と教員の契約書であることを忘れてはならない。

⑦履修上の注意点（予習・復習・課題等に関する事項）

履修するうえで事前に読んでおいてほしい本、復習しておいてほしい科目などを示すことや、受講における姿勢・態度・課題の記載などに用いる欄である。

⑧教科書（テキスト）・参考書・資料の提示

教科書（テキスト）として明記した書籍は授業で必ず使うものと理解される。履修生は授業開始前に購入しなければならない書籍を確認するために、教科書・参考書欄を見る。ゆえに履修生の受講準備を助けるために「著者名」「書籍名」「出版社」「金額」を必ず記載する。科目担当教員が毎回資料を準備して配布する場合は、その旨を必ず記載しておく。

⑨評価方法と評価基準

履修生と科目担当教員の契約内容のなかでも、とくに細心の注意を払わなければならない項目である。評価対象となるのは何か（出席状況・受講態度・レポート・定期テストなど）、またそれらの評価は全体の何割を占めるのかを具体的に明記しなければならない。

全体の評価方法は各教育機関で異なるが(点数や記号)、総合評価は科目担当教員の評価基準に基づいて行われる。授業評価におけるトラブルを防止するには、評価基準の明確化および評価基準に基づいて評価することが重要である。

(3) 相談援助演習シラバスの作成における留意点

演習は、一人の演習担当教員が担当できる履修生数が20名以内であるため、必然的に複数の教員が担当することになる。また、演習の総時間数はカリキュラム改正によって増加しており、段階的に学習する必要性の高い科目といえる。したがって、担当する演習の授業がどの段階なのか、当該演習の学習目的・到達目標は何か、などについては改正された「社会福祉士及び介護福祉士法」を確認する必要がある（**第Ⅰ部第1章**参照）。また、教育機関によって異なるが、関連科目の履修年度も勘案してシラバスを作成することが望ましい。

①相談援助演習全体のシラバスの必要性

演習は複数の教員が担当すると前述したが、それぞれの教員が自由にシラバスを作成した場合、授業進行の速さや組み立て(授業展開)に差が生じる可能性がある。教員の強い独自性は、履修生の立場から考えると不平等とも判断される。同じレベルと同じ内容を履修する権利を有する履修生にとって授業格差は不利益に値する。

段階的な学習を意図的に行う演習授業の場合、担当する科目の位置づけを正しく理解し他の科目との整合性を図る必要がある。演習の授業は実習(実践)および実習指導との関係がとくに重要であることから、カリキュラムを勘案した演習全体のシラバスが必要となる。学部生の場合、150時間を半期または通年授業に振り分けた演習全体のシラバスは、上述したリスクを回避し、標準的な授業を担保する指針となる。通信生の場合は、**第Ⅰ部第2章**を参照のこと。

②演習担当教員の作成する相談援助演習シラバス

各演習担当教員は、演習全体のシラバスを把握したうえで、各教育機関のカリキュラムや指導マニュアルに基づき、先に示した項目・内容のシラバスを作成する(**表2-6**)。履修科目(担当演習)の学習目的・達成目標を目指す授業が保証されていれば、取り扱う分野や事例、学習シート(ワークシート)は演習担当教員の裁量に任される。履修生に何を学ばせるか、気づかせるかが重要で、何を用いて学習させるかは問題ではない。

演習で学ぶジェネラリスト・ソーシャルワークは、「個人と環境との関係性」「人間の理解」「課題の把握」「問題解決の方法」などに着目することが重要で、教材は演習担当教員の裁量に任せられる。当然ながら事例や学習シートも演習担当教員がジェネラリスト・ソーシャルワークを履修生に伝えられるものであれば何を使ってもよく、どのような方法でもよい。ただし、学習目的や到達目標と授業内容や方法が整合性をもつかたちであることを意識して具体的に落とし込み、履修生と演習担当教員が契約書として認識できるシラバスを作成しなければならない。なお、シラバスの遵守は、履修生と演習担当教員の信頼関係に影響する。したがって、シラバスの遵守を意

表2-6　演習担当教員の作成する演習プログラム例

【ねらい】
○ 対人援助実践におけるコミュニケーションの重要性を理解したうえで、社会福祉専門職としてのコミュニケーションのあり方を追究する
○ 自らの対人関係およびコミュニケーション技法の現状と傾向をふまえ、専門職として求められる価値・倫理・技術の基本を理解する

【演習の進め方】
○ グループ（5人）学習中心の演習を行う：グループメンバーの話を聴く⇒聴いた内容について考える⇒グループメンバーで「対話」する⇒対話から新たな気づきを得る⇒気づきを伝達（発表）する、という流れを基本とし、グループメンバーが相互に学びあう空間を創造する
○ エクササイズで自己の価値観を確認し、対話で他者の多様な価値観に触れ、ロールプレイを通して専門職としての価値を基盤としたコミュニケーション技能を高める

【評価基準】
授業態度20％・資料およびレポート提出状況30％・レポート内容評価50％

【授業展開】

	テーマ	ねらい	内容	授業形式
①	オリエンテーション	科目の位置づけを確認する。授業に対する目的意識をもつ。	授業の目的について説明を受ける。自己紹介を行う。	講義・演習
②	自己覚知	自分自身の価値観を確認する。	エクササイズを行う。グループで話し合い発表する。	演習
③	コミュニケーションの技術	自分のコミュニケーションの癖や傾向、倫理観を確認する。	エクササイズを行う。グループで話し合い発表する。	演習
・	・	・	・	・
⑭	専門的コミュニケーション	面接場面における留意点を確認する。	事例を用いて利用者理解を進めその結果をふまえて面接場面のロールプレイを行う。気づきと学びを発表する。	演習
⑮	まとめ	授業目標の達成度を確認する。	グループ別に学びを振り返り、報告書を作成したうえで発表する。	演習

筆者作成

識して授業を進めることも重要である。

2. 相談援助演習の教材

　前述したように、演習担当教員の用いる演習教材は、学習のねらいが達成できるものであれば何でもよい。新聞、雑誌、テレビなどは教材の宝庫ともいえる。演習担当教員の柔軟な視点や豊かな感性は、今そこで起こったことも教材に活用することができる。
　なお、「演習」という科目は、履修生間で議論や対話を行い、互いの価値観を交流させることに価値を見出す授業形態である。したがって演習担当教員の講義は極力少なくすることが望ましい。演習担当教員には、授業の目的に沿った各種教材（教材を用いて考えたことを記録するワークシー

トを含む)を準備することと、ファシリテーター・スーパーバイザーとしての役割を遂行することが期待される。

また、授業で話し合った内容や個々の履修生が気づいたことなどを集約し、フィードバックすることも演習担当教員の重要な役割である。このフィードバック資料は、履修生に新たな疑問を投げかけ、履修生に不足する知識や技術を補完する教材にもなる。

演習では、授業準備を丁寧に行うことと授業成果の確認、授業展開の振り返り(リフレクション)が教員に求められる。なお、振り返りの実施は新たな教材開発につながる。

表2-7のようなワークシートを使って毎回の学びを確認するとともに履修生の知識・意識にアプローチすることも学習効果を高める方法の一つである。

次に、演習テーマに対応させた教材開発のポイントを示す。オリジナル教材作成の参考になれば幸いである。

表2-7　学習状況確認シート

第1回　学習目標： 履修生コメント(学び・気づき)
演習担当教員コメント
第2回　学習目標： 履修生コメント(学び・気づき)
演習担当教員コメント

注：学習目標はシラバスを見て履修者自身が自分の言葉で設定する
筆者作成

①自己覚知を通して専門職としての価値・倫理の理解を促す教材

自己覚知に使われる学習シート(ワークシート)は、心理学分野で開発されたものを活用する演習担当教員が多い。筆者はエクササイズとして、「私は○○である」という"私は誰"やチームメンバーの第一印象を通して自分の価値観を知る「第一印象ゲーム」などを行っている。

また、一つの出来事(人と人のやり取り)を文章にして、それぞれの人について考えてもらい、それぞれの人について判断した根拠は何かを話し合うことを通して、履修生の価値観・倫理観を確認してもらったりしている。

自己覚知を促す教材はたくさんあるが、中西の『本質を見抜く「考え方」』[14]からも多くのヒントが得られるであろう。

②ソーシャルワークの役割の理解を促す教材

この項目の教材は、事例がもっとも役立つと考えている。とくに多職種でアプローチしなけれ

---

14) 中西輝政『本質を見抜く「考え方」』(サンマーク出版、2007)の「考え始める技術」「考え方を深める技術」などが参考になる。

ばならない事例、例えば、医療福祉の連携が必要な事例がソーシャルワークの必要性を理解することを助ける。つまり、医療ニーズと福祉ニーズが必要な事例を準備するとよいだろう。また、各支援場面をイメージさせ、各現場実践でどのようなアセスメントや連携が行われ、誰(どの職種)がどのような役割を果たしているかを考察する手法もよい学びとなる。ただし、このテーマに取り組む場合、ソーシャルワークとは何かを事前に学習しておくことが望ましい。

③他者の価値観を理解し尊重する(他者理解)ことの必要性に気づかせる教材

これも事例が有効な教材であろう。他職種の価値観について考えたり、利用者や家族の価値観の差について考えたりすることも学習方法の一つである。また、自分が「嫌い」な事物を「好き」と考える人と対話し、好きの根拠・嫌いの根拠を理解しあうエクササイズも、他者の価値観を理解し尊重することの必要性が学べる。

価値観に関わる教材はニュースからもつくれる。「ゴミ屋敷の住人」「殺人事件」「虐待事件」「ボランティア活動」なども教材資源である。新聞のコラムや投稿記事にも注意しておくとよいだろう。他者理解を学ぶ教材は日常生活のなかからいくらでも発見できる。

④コミュニケーションの重要性について気づかせる教材

演習担当教員がよく使う教材は、車いす・アイマスク・高齢者疑似体験セットなどである。履修生自身が障害を有する生活者の立場で行動してみると、支援者の言語・非言語コミュニケーションのあり方を客観的に評価することができる。ただし、この教材を活用する際は、事前・事後の演習担当教員の働きかけがカギとなる。事前の働きかけとしてコミュニケーションの基本についての知識を得る学習を促し、事後にはどんなことに気づけたかを問いかけなければならない。体験時間が短い場合は、体験のポイントを示しておくとよいだろう。

「介助者のどのような言葉や話し方が安心だったか」「介助者の姿勢や態度、目線などから気づくことはないか」「介助者のどのような言葉や態度に喜びを感じたか」などを示し、これらを意識して体験できるよう働きかけることが大切である。この体験ではコミュニケーションの重要性だけでなく共感することの必要性などにも気づくことができる。

ただ体験させるだけでは学びは浅い。このことを認識して、学びや気づきを促すワークシートをつくる必要がある。

⑤面接技法の基礎を理解し、態度・環境の重要性を気づかせる教材

面接技法の基礎を理解する教材として、市販されているビデオ教材もあるが、受け身的な学習方法は表面的な学びにとどまる傾向があるため、できれば事例を用いてロールプレイを行うことが望ましい。具体的なインテーク場面の事例を用いるとよいだろう。「地域包括支援センター」「高齢者福祉施設」「障害者福祉施設」「福祉事務所(生活保護課)」「児童相談所」「児童養護施設」「病院」「居宅介護サービス事業」などからインテーク(初回面談)場面を設定する事例教材はいくらでもつくれる。ただし、演習担当教員が適切にスーパービジョンを実施するには、演習担当教員自身が

十分に説明できる事例でなければならない。

また、このロールプレイを用いる演習はコミュニケーションについても学べる。事前にバイスティックのケースワークの7原則やソーシャルワーク・プロセスなどを学習し、場面理解、利用者理解を進めた後にロールプレイを行うことが学習効果を高める方法である。

⑥ソーシャルワーク・プロセス（連携のあり方を含む）について学ばせる教材

ソーシャルワーク・プロセスを学ぶ教材としては、事例が適切であろう。ただし、利用者の生活状況を理解するためには制度や相談援助技術についての知識が必要である。したがって、履修生には当該演習に取り組むにあたり、事前学習が必要であることを提示しておく。

演習方法の一つとして事例を変化させていく手法もある。「入院⇒退院⇒再入院⇒退院」という形で一人の利用者の生活に変化を与え「アセスメント⇒ニーズの明確化⇒支援計画の作成⇒カンファレンスの実施⇒支援方針の確定⇒役割分担の確定」などの場面設定を行い、各場面のロールプレイを実施する方法である。この演習では利用者の生活状況が変わればニーズが変わり、チームメンバーも変化することや多職種連携の留意点などが学べるであろう。この方法の場合、アセスメント・ワークシートやディスカッション・ワークシート、カンファレンス・ワークシートなどの教材を準備する必要がある。なお、5～6時間の授業時間を見込んだ教材を準備する必要がある。自宅学習を課せば効率的な演習が可能になる。したがって、知識の確認などは宿題にしてもよいだろう。また、当該演習では整合性のある事例を丁寧につくることや、演習担当教員のファシリテート力が重要であることを認識しておこう。

⑦ネットワーキング、社会資源の活用、調整、開発を理解させる教材

これらを学ぶ教材も事例が有用であると考える。高齢者支援、障害者支援、地域理解、母子や児童の支援などの実践を参考にすれば多様な教材（事例）をつくることができる。また、本書**第Ⅱ部第6章**に記載されている事例を活用して学んでもよい。まずは事例に示されている演習の概要に目を通し、演習担当教員として使い勝手のよい事例を選択して活用してほしい。ただし、テキストの事例をそのまま使うのではなく、参考にしながら自らの体験に引き寄せて、オリジナルの事例を作成することが必要であろう。

なお、筆者は日本のソーシャルワークの課題の一つは社会資源開発の弱さだと感じている。社会資源の開発を促すには、利用者のニーズの充足には既存の社会資源で足りているか、よりＱＯＬを向上させるためにはどのような社会資源が必要か、などといった評価教材が必要である。また、現存する社会資源で満足するのではなく、利用者のニーズの充足を追い求める姿勢が社会資源を開発する視点を養うという事実にも着目し、教材を開発する必要がある。さらにエコマップやＫＪ法も多くの学習効果が得られる演習教材であることを理解しておこう。

3. 履修生の力を活かす授業計画・マネジメントの考え方

(1) 授業計画の考え方

履修生が学習主体となって展開される演習は、履修生の力をいかに活かせるかが演習担当教員の腕のみせどころともいえる

ここでは、経験学習のプロセス・サイクルと、PDCAの管理サイクルについて取り上げ、授業全体のプロセスのなかで授業計画の位置づけとその活用について考える。

①経験学習のプロセス・サイクル

履修生が自らもつ力[15]を発揮することを要求する経験学習のプロセス・サイクル（**図2-7**）を手がかりにするならば、当然、履修生の力の表出を可能とする要素が盛り込まれなければならない。そしてそれは、①活動を経験する（「具体的な経験」）、②振り返り、気づきを深める（「内省」）、③得られた教訓を原則としてまとめ（「抽象的な概念化」）、④その原則を将来の状況に適用させる（「積極的な実験」）という、①からを④をくり返し実施する。

この経験学習のプロセス・サイクルは、現実に即した具体的な経験をもとに、発展的な考察や分析を積み上げていくという意味では、演習という形態をとる授業の展開の枠組みを考える基本といえる。

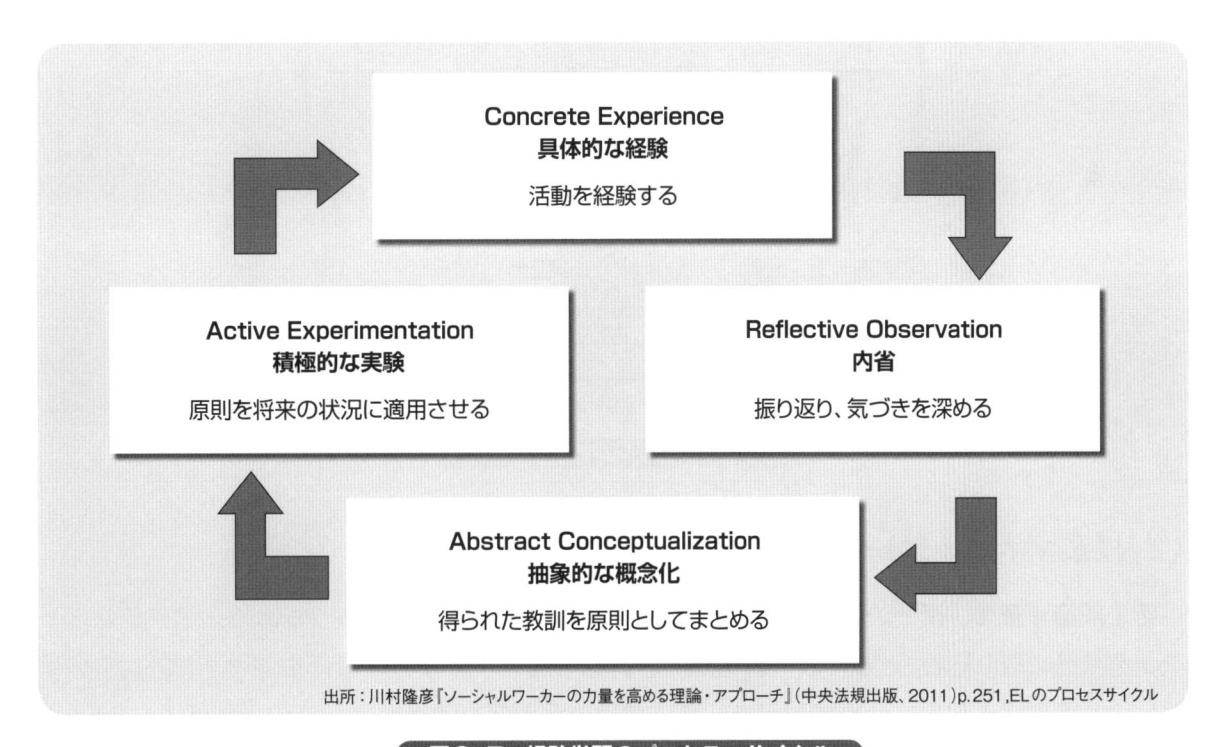

出所：川村隆彦『ソーシャルワーカーの力量を高める理論・アプローチ』（中央法規出版、2011）p.251, ELのプロセスサイクル

図2-7　経験学習のプロセス・サイクル

---

[15] 川村隆彦『ソーシャルワーカーの力量を高める理論・アプローチ』（中央法規出版、2011）p.251
川村は、経験学習（Experiential Learning）とは、「経験を通して問題解決に有益な原則や気づきを深めていく手法」であり、「『体験学習』と訳すこともできる」と述べている。また、頭文字のELと表し、「学習者が①活動やプログラムに積極的に参加する力、②活動で得た経験を深く考える力、③『学ぶべき大切な原則は何か？』を見出す力、さらに、④経験から得られた知識やスキルを実践に応用する力を必要とし、コルブらは、これらを経験学習のサイクルとして表した」と述べている。

②PDCAの管理サイクル

　PDCAの管理サイクル(**図2-8**)[16]によると、授業の目標を達成する計画を立案(Plan)し、その計画にそって授業を行い(Do)、その結果の確認(Check)すなわち授業評価を行い、それに基づき計画への処置(Action)すなわち授業改善を行うというサイクルをもとに授業を展開することになる。つまり、演習担当教員は、授業の到達目標を達成するためには、このサイクルを意識的に回す必要がある。

　このPDCAの管理サイクルの位置づけにおける計画(Plan)とは、「管理する対象ごとの目標値を定め、その目標値がどのように達成されているかを評価する方法」と、「誰がどのようにしていつまでに目標値を達成するかの手順」を定めることである[16]。つまり、授業の目標と、目標達成のプロセスに対する評価方法を明確にし、目標達成に向けた手順を定めたものが授業計画である。

　したがって、演習担当教員は、授業の全体目標とそれをふまえた授業ごとの目標を設定し、評価および改善の時期や方法等について計画に盛り込む必要がある。つまり、目標とその実現へのプロセスの管理方法を明らかにすることが重要といえる。その詳細については、次項で述べることにする。

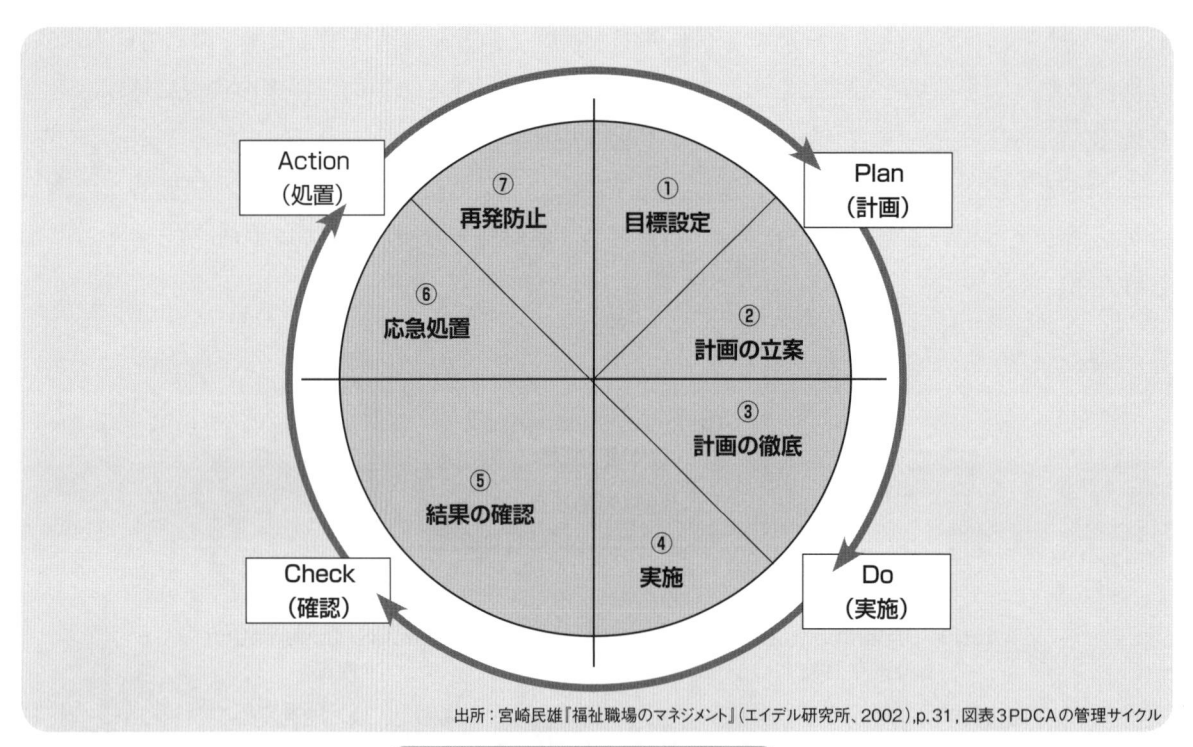

出所：宮崎民雄『福祉職場のマネジメント』(エイデル研究所、2002),p.31,図表3PDCAの管理サイクル

図2-8　PDCAの管理サイクル

(2)授業マネジメントの考え方

　第Ⅰ部第4章で、授業の目標を「価値と倫理を基盤にしたソーシャルワーカーのアイデンティティを自己に取り込む」とした演習の構造と、目標を達成するために履修生がマネジメントの手法により管理する対象について述べた。ここでは、演習担当教員がPDCAの管理サイクル(**図2-8**)をふまえたマネジメントの手法により、管理する対象となる「目標管理」、「人の活用」、「情報管理」、「リスク管理」について取り上げる。

---

16) 社会福祉養成講座編集委員会編『新・社会福祉士養成講座 第9巻　地域福祉の理論と方法　第2版』(中央法規出版、2010) p.89
　PDCAの管理サイクルとは、「業務の進め方の明確化と業務結果の的確な把握と適切なフィードバックというサイクルを回す活動を通じて目標を効率的、効果的に実現するために行う考え方を示したものである」とされる。

①目標管理

　目標管理[17]において演習担当教員が管理する対象は、授業の目標（全体および授業ごと）と、履修生の自己管理による目標である。つまり、演習担当教員には授業の目標（全体および授業ごと）を管理することはもとより、目標の達成に向けた履修生の目標管理を支える役割がある。

　これらの2つの管理対象に対する演習担当教員が遂行すべき役割とは、PDCAの管理サイクルを回し、目標の達成状況を評価（確認）し、その達成を促進するために改善（処置）することである。それは、後述する授業の振り返りによる授業評価を真摯に受けとめ、授業の改善に努めることにほかならない。なぜならば、演習担当教員と履修生の双方向のコミュニケーションを主とする演習形態ゆえに、履修生の力を活かした授業の実施が必然となるからである。

②人の活用

　初回の授業において演習担当教員は、授業の目標と履修生の役割等（**第Ⅰ部第4章**参照）を説明し、授業への参加の動機づけを行う。この動機づけが適切な場合、履修生は、目標管理を理解したうえで明確な目標をもち、積極的に履修生間の相互作用を活用することが可能となる。一方、不適切な場合は、目標管理のイメージが十分につかめず目標が不明確なため、履修生間の相互作用を活用することが困難となる。

　このように、履修生が、履修生や演習担当教員を活かすことへの動機づけが適切か否かのほか、川村[18]は、「人は環境を活用して、変化、成長していく存在でもある」と述べる一方、セルフ・エスティーム[19]の捉え方により、肯定的か否定的かが自己評価に表れると述べている。つまり、もてる力を最大限発揮できるかどうかは、個々のセルフ・エスティームの捉え方によって異なり、目標達成状況にもそれによる差異が生じるということになる。

　したがって、演習担当教員は、明確な動機づけによる役割の遂行を履修生に課す一方、履修生のセルフ・エフティームの捉え方の特徴を授業開始期に把握することは重要である。なぜならば演習担当教員には、履修生が自らの強みを認知し、それを活かすことを支える役割があるため、その体験につながる授業を目指した創意工夫が求められるからである。つまり、演習担当教員は、課題に取り組む履修生一人ひとりの力の表出を支えると同時に、問題が生じた時に、状況を適切に見立てたうえで、解決を目指した介入の準備をしておかなければならない。

③情報管理

　"今ここで"という限定した場における自己開示が負担とならないように、履修生は、自己の情報を管理する必要がある。そのため、演習担当教員は、履修生のセルフ・エフティームの特徴をふまえたうえで、自己管理による防衛へのリスクが高い履修生については自己の情報を開示しすぎないように適切に介入する。また、実在する特定の人物の情報を対象にする場合には、実名をふせることを徹底したうえで、情報が授業の場の範囲を超えて外に漏洩しないように、履修生への注意喚起に努めることはいうまでもない。

---

17) 宮崎民雄『福祉職場のマネジメント』（エイデル研究所、2002）
　　宮崎は「目標管理」の考え方を職場で具体的に実現するためには、PDCAの管理サイクルの徹底が不可欠であるとし、また、全員が仕事の管理者であり、組織上の公式の管理者に求められるのは、責任を持つ単位組織の目標のマネジメントであり、職員（部下）に対しては支持的、援助的マネジメントが期待されるのである、と述べている。このことをふまえると、目標管理を担う対象は、全員すなわち演習担当教員および履修生となり、とりわけクラス単位の目標管理を担う演習担当教員には、履修生への支持的、援助的な対応が期待される。
18) 川村隆彦『ソーシャルワーカーの力量を高める理論・アプローチ』（中央法規出版、2011）p.40, 244

④リスク管理

　演習担当教員は、履修生が履修生間の相互作用に支障をきたす状態におちいることを想定したリスク管理について考えておく必要がある。なぜならば、演習の性質上、いったんは考察すべき事象を自己の内面に取り込む過程において、価値観の相違による葛藤や、過去の再体験による過度の怒りや悲嘆の感情が表出することがあるからである。

　そのような事態におちいった場合、その状況に巻き込まれるほかの履修生の状態も視野に入れながら、演習担当教員は緊急介入しなければならない。したがって演習担当教員は、そのような事態を想定したリスク管理について予防的観点から対応を考えておく必要がある。

　一つの予防策として、授業開始当初に、そのようなことが起こり得るのが演習であることを履修生に周知しておくことも考えられる。そして、その場で遭遇する事象はすべて、「価値と倫理を基盤にしたソーシャルワーカーのアイデンティティを自己に取り込む」という授業の目標につながる要素であるため、予測される事態とその対処について履修生に提示することは、履修生が、予防的観点からリスク管理を考える機会になるといえる。

4. 授業評価と振り返り：演習担当教員としての振り返り

　履修生の利益になるということは、演習担当教員と履修生の間で取り決められた目標に到達したかどうかを評価するということである[20]。そうであるならば、目標の達成状況を評価することが、履修生の利益を計る手がかりとなり、目標の達成状況の如何が、履修生の利益に影響するということになる。この履修生の利益をはかる役割を果たす一つとなる授業評価について、大橋は、「履修者（学生）参加の授業評価を積み重ねることが、教員も履修者（学生）も社会福祉学教育のあり方を考え、相互理解を深め、よりよい授業を産み出す原動力になる」と述べている。つまり、履修生の主体的な授業評価を活かすことが、演習担当教員と履修生の双方向による授業をつくり上げる要素となるという考え方を示している。したがって、演習担当教員は、双方向のコミュニケーションを活用した授業を通して、履修生の目標および全体の目標の達成に貢献できたかどうかという観点から振り返ることが求められる。そこで、PDCAの管理サイクルから、授業評価の実施時期について考えると、全体のプロセスにおける中間時点および終了時点と、毎回の授業時点があげられる。前者は、履修生による授業評価をツールとして、演習担当教員と履修生の目標管理における役割の遂行状況のプロセスにみられる改善点を明らかにし、授業の後半および次年度の目標への手がかりを示唆するものである。一方、後者は、授業ごとにとるリアクションペーパーをツールとして、履修生の目標管理の状況にみられる履修生の自己評価と授業ごとのタイムリーな改善点を明らかにし、次回の授業に即時に反映することができるものである。

　いずれにしても、演習担当教員は履修生の利益に影響することに着目し、授業の目標および履修生の目標達成状況について、適切な時期に実施する評価を受け入れ改善に努めなければならない。なぜならば、演習担当教員が、授業の改善へ真摯な姿勢で臨むことが、履修生の利益に貢献することにほかならないからである。

---

19) 川村は、「人は成長する過程で自分の性格や能力、身体的特徴などに対するイメージ（自己概念）を抱く。このイメージへの主観的評価をセルフ・エスティームと呼ぶ。人々が自分自身に対してポジティブな評価を持つならば、自身を「価値ある存在」であるととらえるが、ネガティブになると「価値のない存在」と考える。セルフ・エスティームは「理想」と「現実」のギャップにより影響を受ける」と述べている。
20) 大橋謙策・白澤政和・米本秀仁編著『相談援助の基盤と専門職』（ミネルヴァ書房、2010）p.96

第5章
授業計画案——相談援助演習と相談援助実習の連動——

　演習は、実習および実習指導との連動を考えておく必要がある。そこで本章では、実習前・実習後の演習のあり方について考えてみたい。とくに実習後の演習については、実習での体験をふまえて、より具体的で実感の伴う演習内容の展開が可能になる。この点を活かした演習授業計画のあり方を考えてみたい。

1. 実習前と実習後の相談援助演習のねらいの違い

　表2-8には、学習のねらいの一部、指導ポイントの一部を示した。演習担当教員は、実習前後の演習の目的やねらいが異なるこの事実をふまえ、違いを意識して授業を展開する必要がある。演習担当教員は、独自のねらいやポイントも考え、実習の学びをさらに効果的にする努力も必要であると考える。

　なお、演習と実習指導の担当教員が異なるときは、教員間で指導内容を確認し合う(シラバスで確認してもよい)などの努力を行い、連携した授業を実施することが望ましい。

表2-8　実習前後の演習のねらいと指導ポイント

	学習のねらい	指導におけるポイント
実習前の演習	・自己覚知 ・知識、技術の修得状況の確認 ・各科目で修得した知識、技術の統合 ・専門職の価値観、倫理観の理解 ・実践現場のイメージを膨らませる ・支援アプローチ、技術活用の練習	・演習学習メンバー間の関係形成を促す ・偏りなくすべてのメンバーと価値の交流ができる小グループ活動を取り入れる ・主体的な学習に取り組める学習環境をつくる ・考える⇒実践する⇒伝える、を実行させる ・対話を通して、傾聴、尊厳等を体感させる
実習後の演習	・実習の振り返り(リフレクション) ・スーパービジョン ・自己覚知の推進 ・専門職としての価値の構築 ・実践と知識・価値の統合 ・社会福祉士としての目標の設定	・実践の意味、意義を確認させる ・履修生間で体験を共有させる ・現場実践を客観的に捉えさせる ・実習前の実習目標を達成へと導いた体験を想起させる ・体験の意義、学び等を報告(説明)させる

筆者作成

2. 実習前の相談援助演習

　実習前の演習は、「ソーシャルワークの知識や技術」などの理解を促すとともに福祉専門職としてのミクロ・メゾ・マクロな視点を養う役割がある。また、ロールプレイや事例検討などを通して履修生に理論や価値、倫理観などを再認識させる役割も果たす。さらには、各履修科目で獲得

した知識・技術を統合させるという重要な役割もある。

　演習で多様な視点が養われ、自己の価値・倫理を意識しながら思考する力と各履修科目の知識・技術の統合を円滑に推進することができた履修生には、現場実践の状況をイメージする力が身につくと考えられる。また、このような円滑な学びを実現している履修生は、各段階の演習における学びが的確であったと考えてよいだろう。つまり、段階的に設定された学習目的・到達目標を着実に達成してきたことによって実習前の演習での学びが円滑になったと考えられる。

　各段階の演習で適切な学びができなかった履修生の場合は、学びが積み上げられていないため、実習前の演習での学びも不十分な結果になることが危惧される。適切な学習効果を得られない履修生は実践場面をイメージする力が弱く、実習の準備が滞る傾向がある。すなわち実習前の演習には現場実践をイメージさせる目的があり、演習の学びの積み上げ状況が実習指導および実習に影響すると考えられる。なお、安河内[21]が、わかってもらうには演習を重視した教え方が適切であると示唆しているように、演習という学習スタイルには、多くの可能性が秘められている。履修生には、実習の質は実習を目前に控えた演習の取り組みによって大きく影響されることを理解させるとともに、実習前の演習に積極的な姿勢で臨み現場実践をイメージさせる力を養うことの重要性を伝えなければならない。

3. 実習後の相談援助演習

　実習後に行う演習内容としては、実習指導・実習とが連動するなかで、知識と技術の一般化、実技指導が重視されている[22]。履修生が実習において体験してきた多くの印象的な場面や事例を演習の題材として取り上げ、貴重な学びに結びつけることができる。実習免除者にとっても、それまで行ってきた履修生自身の実践活動の内容を、ソーシャルワーク、相談援助という観点から捉えなおし、ソーシャルワーカーとしての実践の枠組みや視点に再構築していく機会となる。

（1）実習体験の確認

　実習前の演習では、ワークシートや演習担当教員が準備した事例等が教材として用いられるが、実習後の演習では、履修生が実習で体験した事例を活用することが多い。この実習後に行われる演習の授業には、実習体験を理論化させる役割がある。履修生は現場での観察事項、体験事項を分析することを通してソーシャルワークのあり方を検証する。これが実習後の演習で行うことである。

　この実習の振り返りは、現場で働く専門職者の価値や倫理のみならず履修生自身の価値や倫理に気づくことを可能にする。また、自分や他の福祉専門職の関わりが利用者や関係者にどのような影響を及ぼしたか、自分はどのような思いでどのようにふるまったかなどの評価は、対人援助における自己の傾向や特徴を知る資料となる。

　演習担当教員は、実習行動を振り返るワークシートを用いて（**表2-9、表2-10**）、演習の授業のなかで履修者のスーパービジョンを行う。なお、演習では、実習施設・機関で受けたスーパービジョンを意識化・顕在化させる作業を行うことも重要である。ここで押さえておかなければならないの

21）安河内哲也は『みんなが分かる！　できる人の教え方』（中経出版、2007）のなかで、目的や目標を理解してもらえる授業形態は演習であるという。また、やる気を引き出す教え方や相手のタイプに合わせた教え方をすることで、学習効果は高まると述べている。教員のあるべき姿を示す当該書籍は、経験の浅い教員に教育者としてのあり方を示唆してくれるであろう。

22）「社会福祉士学校及び介護福祉士学校の設置及び運営に係る指針について」（平成20年3月28日　厚生労働省社援発第0328002号）」においては、相談実習後に行う演習内容として、「相談援助に係る知識と技術について個別的な体験を一般化し、実践的な知識と技術として習得できるように、相談援助実習における生徒の個別的な体験も視野に入れつつ、集団指導並びに個別指導による実技指導を行うこと」とある。

表2-9 実習後の相談援助演習ワークシート①

※ 実習体験のなかであなたが「困る」「よくない」「理解できない」と思ったことを挙げてください。(その場面を思い出し、振り返り、具体的に説明してください)
【テーマ／タイトル：○○○○○○○○○○○○○○○○○○】
【場面説明】

あなたが体験した事実	そのときのあなたの感情	そのようになった理由

【ソーシャルワークを実践するうえでの課題】

筆者作成

表2-10 実習後の相談援助演習ワークシート②

議論する課題：

※課題が生じた理由をミクロ・メゾ・マクロの視点で考察しましょう。

注：学習目標はシラバスを見て履修生自身が自分の言葉で設定する
筆者作成

は、実習後の演習は実習体験を理論化する科目である。実習後の実習指導は、履修生個々人の実習体験から気づきや学びを導き学習効果の明確化を助ける科目だが、演習は、現場実践のなかの理論を顕在化させることや実習と理論・知識を結びつけることを目的とした科目であるといえる。

演習も実習指導も実習後の授業で取り扱うのは履修生の実習体験だが、「演習」は"普遍化""理論化"の視点が優位であることを理解しておこう。

なお、具体的な授業展開として、実習前に取り扱った事例を実習後にも活用することを勧めたい。同様に実習前に行ったロールプレイを再度実施してみるのもよいだろう。この体験は、履修生自身、自分の視野の広さや知識の増加を実感し、自己の成長に気づくことができる試みとなる。

(2) 振り返りの意味

実習後の演習において、実習で体験してきたことを取り上げることは、振り返り(リフレクション)の意味がある。実践現場ではまずニーズに対応するための行動が優先されるが、振り返りをするということは、その行動の意味を後で冷静に考え、その時の対応や実践を客観化し、次の実践行動のプランニングにつなげるというものである[23]。

---

23) ドナルド・ショーン、佐藤学・秋田喜代美訳『専門家の知恵—反省的実践家は行為しながら考える』第3版（ゆみる出版、2005）

実体験は机上で学ぶこと以上に刺激的であり、まさに現実である。履修生は実習(実践)の印象を強くもち、利用者や実践に対しての実感や思いを強くしているだろう。実習免除者も同じである。なかには事前に学んだ理想的な支援のあり方に対して、そうではない現実に直面し、実践現場への批判や不満が表れてきていることもある。また実習後の演習において振り返りをする際、演習担当教員の指摘に対して、履修生が批判や不満を表すことも考えられる。これらは自らの視点が変化することへの抵抗である[24]。履修生の実践現場に対する一方的な批判については、そうならざるを得ない事情や状況を理解することが必要であるし、個人的主観による偏った見解については客観的な考察や自己覚知を促し、さらなる学習につなげていく必要がある。それには実習や学習のプロセスにおいて学んできた履修生の強みを活かしながら、振り返りを進めていくことが求められる。

(3) 実習場面・事例を扱うこと

実習前の演習においても、当然のことながら事例が用いられる。その場合には、実践の場面やプロセスがどうなっているのかを十分に理解し、どういう行動や姿勢が求められるのかを学び、実習や実践の場面を想定しておくこと、ソーシャルワーカーとしての実践視点の構築に意味がある。つまり実習前の演習では、専門的知識や技術がどう活用されるのかを、事例を通して学ぶという流れになる。

一方で実習後の演習では、履修生が体験してきた事例や場面、事象があり、そこで起きている事柄やその意味を、専門知識や技術、理論に照らし合わせ、自らの実践スキルや視点を深化・実体化させていくという流れになる。具体的には、実習での場面や事象について、なぜそのような事象が起こったのか、関係する人々はどう感じているのかという社会的な文脈や場面の構造など、背景にある意味に焦点をあて、実践者の行動や活動が周囲の人々や社会にどのような影響や効果を及ぼしているかという実践の意義や価値を探っていくことになる。履修生にとって実習(実践)体験は、実習前に学んでいたことよりも具体的であり、現実的であり、その捉え方はより主観的になっているだろう。また、さまざまな課題意識をもち、葛藤に直面していることもあるだろう。そこで実践当事者としての意識にも触れながら、演習がスーパービジョンの機能を果たすことも求められる。

(4) 演習担当教員の役割

実習後の演習において演習担当教員に求められる役割としては、履修生が実習で得てきた視点や課題意識などを確認することに焦点があてられる。また、演習に臨む姿勢としては、ソーシャルワーカーとして実践するうえでの姿勢や視点などのモデルを示すことなどがある。しかし、これらの意味するところは、演習担当教員は何が何でも履修生が提示してくる事例や課題意識にすべての解答を用意し、さらなる知識や技術を与えて教え導いていかなければならないということではない。ソーシャルワーカーの理想像、あるべき理想の姿を示すことばかりではなく、実践場面を振り返って悩んだり考えたりしながら専門家として成長していく姿を示すこともまた、そこには含まれている。

そのために演習担当教員が自らの実践や学びの経験を通して得てきたもの、自分がもち得ているものを確認・整理しておくことは重要である。とくに人と環境との相互作用を総合的に捉えるジェネラリスト・ソーシャルワークの観点が求められている今日では、ミクロ・メゾ・マクロの視野から、

---

24) 福山和女「科目『相談援助演習』の意義」白澤政和・福山和女・石川久展編『社会福祉士相談援助演習』(中央法規出版、2009)

自分が備えている視点、得意な点は何かといったことを確認し、その応用性を考えておく必要がある。

例えば、**表2-13**（p.138）を参照し、自分はどのような分野や利用者の特性に対応することを学び、得意としてきたのか、またソーシャルワークのどのような視点や価値を大切にしたいと思ってきたのか、などという点から自分の立ち位置を確認してみる。その立ち位置から見渡せるソーシャルワークの視野はどのようなものか、その視野を構築するためにどのような経験や学習をしてきたのか、といったことを振り返ってみる。振り返ることによって実践や視点を具体化、客観化することができ、履修生に伝えられるようにもなるだろう。

さらに、実践活動やシステムの全体を見渡すためには、自分の立ち位置からどのような実践を展開していくことができるのかを考えてみる。例えば、他の演習担当教員や専門職、他機関などと連携・協力すること、地域のネットワークをつくること、また制度や福祉システムのしくみを活用することなどが考えられるだろう。

演習においては、その全体像のなかで履修生がもっている視点や提示している課題について、どの部分について述べていることなのかを確認していくことになる。また演習担当教員自らが実践や学習において悩んだり戸惑ったりしたこととも照らし合わせながら、履修生とともに事例や場面から何を学び、どう取り組んでいくかということを考える姿勢が、専門職として成長していく姿を示すことにもなるだろう。

つまり、演習においては、履修生にとっても演習担当教員にとっても、振り返り、確認をするプロセスが重要になる。次に、履修生の視点や課題意識などを引き出し、専門知識と照らし合わせながら、いかに実践の意味や意義を確認していくかということを考えつつ、演習授業計画を立ててみよう。

4. 実習後の相談援助演習授業計画案

実習施設・機関の特徴や履修生の特性などによって、体験の様相はさまざまであり、場面や事例の受け止め方や考え方は履修生によって多種多様である。履修生は何をまとめればよいのか、どう話せばよいのか整理がつかないでいることも多い。そこで体験をソーシャルワークの理論や価値と結びつけていくために、演習において場面や事例をまとめ、実践の意味を確認することを考えてみたい。演習授業計画案として、（1）実習場面や事例をまとめる、（2）事例の再アセスメント、プランニングをする、というステップで例示する。

（1）実習場面や事例をまとめる

まず、履修生が実習（実践）で体験した事例や場面を取り上げ、それがソーシャルワークの理論や価値のどの部分にあたるものなのか、実践の意味や意義を確認していくという展開である。履修生のいきいきとした体験やそれに対する思いを活用し、学習に対する主体的な取り組みを促すことができる。そして個人的体験を語ることで終わってしまわないように、事例報告としてまとめ、グループ演習の形式で複数の履修生の体験を共有するなど、客観的に捉え直す機会をもつ必要がある。

対人援助場面は、利用者との関わりを場面として比較的捉えやすいが、体験の内容が幅広い場

合、履修生は、何を語ればよいのかわからないこともある。とくに実習施設・機関が実施している事業やサービス、プログラムに、それらの企画・提供者という立場・視点から携わるなど、しくみを捉えることに携わってきていると、事例、場面という捉え方が難しい場合もある。そのような場合には、事前に学んだソーシャルワークに関する視点や枠組みにおけるポイント、例えば、連携、ニーズ、支援方法といったキーワードやその概念を確認しながら、それに該当するような事例や場面の想起を促すことも必要である。

　また、ソーシャルワーク実践においては、事例検討会やケア会議、スーパービジョンが日常的に行われており、それらは事例の提示や報告、場面を説明するトレーニングにもなる。その意味では、演習においてグループのメンバーにきちんと説明できるか、伝わっているかなどを確認することも重要である。

　ここで、演習のあり方の一例として事例をまとめ、再アセスメント、プランニングをするという内容を示してみたい（**表2-11**）。実習などの場合には、とくに事例収集が目的ではないので、実習後に事例報告を求められても、必要な情報をすべて得てきているわけではないことが多いが、履修生が印象的だった場面や気になっている事象について、その取り上げた理由に焦点をあててまとめ、演習の題材としていく。

①タイトル

　1行程度のタイトルとして簡潔にまとめることで、何を伝えたいのかを明確にし、対象を定める。
　○事例（個人・家族・グループ・組織・地域など）
　○場面（利用者との会話場面・観察場面、グループ活動への参加、カンファレンスへの同席など）
　○プログラム・事業など

②事例概要

　数行程度にまとめる。取り上げた理由が明確であれば、報告の柱や筋は十分伝わる。ソーシャルワークの実践スキルを深めるためには、ADLや医療情報といったことばかりではなく、心理・社会的な観点から概要を記述する。

③ジェノグラム・エコマップなど

　事例や場面における心理・社会的状況を簡易的に示す。状況を客観的に捉え直す意味がある。

④取り上げた理由

　この事例や場面を取り上げた理由に焦点をあて、それを文章の柱、筋として文章化する。なぜその場面や事象が気になったのかということを説明できれば、長々と状況説明をする必要はなく、演習において考察、検討したいポイントに進むことができる。

表2-11 事例のまとめ方・視点

事例（例）	事例をまとめるための演習担当教員の視点
①タイトル 「本当は家に帰りたいAさん」	実習場面を想起する問いかけとして、 「印象的だった場面は何か」 「気になった事柄は何か」 「実習前に想像していたことと異なっていたのはどのようなことか」など また、実習ノートに記録されている場面などを取り上げるように促す
②事例概要 　先月この特別養護老人ホームに入所したばかりのAさん（女性・63歳）は、「本当はいやだったけれど、家族のことを考えると、ここで暮らすしかない」と話してくれた。Aさんの話では、娘家族と同居していたが、Aさんが要介護の状態になり、家族と話し合ってホームに入所したということだった。しかしホームでの生活はいろいろと制約があるので、「やはり自宅での生活がいいなあ」とAさんは言う	演習グループのメンバーには守秘義務を確認し、最終的に報告・レポートとして発表する際には、個人を特定できるような情報は、よくある事例というレベルまで加工する
③ジェノグラム・エコマップなど （ジェノグラム・エコマップ図）	サポートの有無、関係性や連携など、利用者を取り巻く状況を客観的に捉え直す
④取り上げた理由 ○ 利用者が我慢を強いられているのはかわいそうだと思った ○ 本人の希望にそうような支援をしてあげたいと思った。施設は何のためにあるのだろうと考えた	課題意識を引き出す問いかけとして、 「なぜ気になっていたのか」 「何に問題を感じたのか」 「何を疑問に思ったのか」 「なぜそのように思ったのか」など

筆者作成

（2）事例の再アセスメント、プランニングをする

　事例のまとめにおいて、④取り上げた理由、として示される内容は、履修生の主観による率直な捉え方になることが多い。とくに実習において初めて実践現場やソーシャルワークの実態に触れた場合には、物事の一側面、利用者の言葉だけを受け止めていることが多い。しかし、それも履修生のもつ視点の特徴であり、履修生の視点でのアセスメントといえる。

　演習においては、このアセスメントの専門性を高めていく必要がある。異なる側面から物事を捉え直してみることによって、履修生の視点や視野を広げていくことが求められる。これは、すなわち事例の再アセスメントをするということである。異なる側面から物事を捉え直してみるに

は、演習担当教員がもっている視点を示したり、テキストで理論や専門知識と照らし合わせてみたり、グループメンバーから意見を出してもらうといった方法があるだろう。ここでは、再アセスメントのポイントとして、①背景、②ストレングス、③対象領域の規模、④実践活動の範囲という四つの側面を提示する。

①背景

履修生が提示している場面や事例は、実習の時点で起こった事象を切り取ったものである。その事象についての理解を深めるためには、生育歴・生活歴や、事象が起こるに至った経緯・プロセスなど、事象の背景や過去にあるものを探ってみる必要がある。

それらに目を向けるには、例えば、Aさんは介護が必要になったときにどうしようと考えていたのか、Aさんや家族に介護の経験はあったのか、それによって今の状況をどのように捉えているのか、などと問いかけてみる。また今後の実践に関わるものとして、支援計画・福祉計画などはどうなっているのか、といった問いかけもできる。

これらの問いかけに対して、情報不足のためわからないということが多いかもしれないが、のちに利用者に聞いてみることや関係者に確認してみることが次の行動のプランにつながる。またその場面をロールプレイで体験してみると、起こっている事柄の意味をさらに実感できるだろう。

②ストレングス

事例や場面を取り上げる際には、おおよそ何か問題や気になる点があることが取り上げる理由になっていると考えられる。これを異なる側面から捉えるには、その事象に含まれるストレングス、すなわち、よいことや強みを探ってみる必要がある。上記の事例についていえば、Aさんが家族のことを考えられる家族思いの人であることなどは、ストレングスだといえる。このAさんの思いを活かしていく支援計画を考えてみる必要があるだろう。

③対象領域の規模

上記の事例については、Aさんという一人の利用者に焦点があてられているが、対象をその家族や施設に入居している人々、地域住民などにまで拡大し、サービスや制度を利用する意味や、ソーシャルワークの意義について探ってみることも必要である。それらに目を向けるには、例えば、ミクロの視点からソーシャルワークにおける支援の対象は利用者であるAさんだけなのか、娘やその家族は支援される必要はないのかなどと問いかけてみる。またメゾの視点から施設の存在は地域のなかでどう捉えられているのか、マクロの視点から、施設や介護保険サービスを利用することについて多くの人々はどう思っているのだろうか、などと問いかけてみる。

これらの問いについてグループ討議をしてみると、人々は社会のなかですべて思いどおりに生活できるわけではないが、その人なりの取り組み方や考え方をもっていること、また、ソーシャルワークは解決できないような課題や、社会のなかの葛藤や矛盾にも目を向けていかなくてはならないことを実感できるだろう。

④実践活動の範囲

ソーシャルワークにおいて解決できないような課題や社会のなかの葛藤や矛盾にも目を向け取り組んでいく機能をもつならば、どのような方法があるかを探ってみる必要がある。多職種のチームや組織間の連携によって対応範囲を拡大すること、サービスや資源を開発すること、ソーシャルアクションを行うことなどを次の行動プランとして検討してみよう。

このような一連の演習プロセスを通して、最終的には**表2-12**のような事例報告としてまとめてみるとよいだろう。

表2-12　事例報告の例

「本当は家に帰りたいAさん」

【事例概要】
　先月この特別養護老人ホームに入所したばかりのAさん（女性・63歳）は「本当はいやだったけれど、家族のことを考えると、ここで暮らすしかない」と話してくれた。Aさんの話では、娘家族と同居していたが、Aさんが要介護の状態になり、家族と話し合ってホームに入所したということだった。しかし、ホームでの生活にはいろいろと制約があるので、「やはり自宅での生活がいいなあ」とAさんは言う。

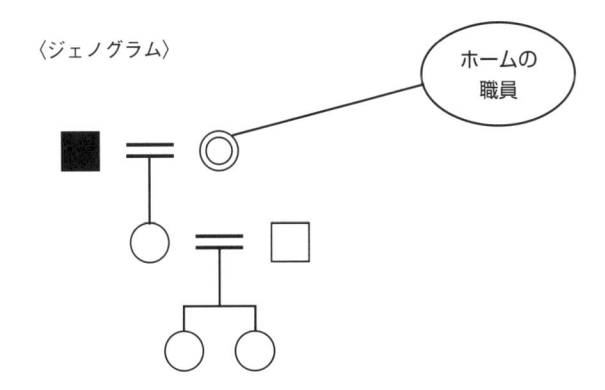

〈ジェノグラム〉（ホームの職員）

【取り上げた理由】
○ 利用者が我慢を強いられているのはかわいそうだと思った
○ 本人の希望にそうような支援をしてあげたいと思った。施設は何のためにあるのだろうと考えた

【再アセスメント】
（＊演習のグループメンバーから出された意見のうち、事例提示者が理解、納得した意見を記す）
○ Aさんは家族思いの母親、祖母であり、家に帰りたい思いと家族に苦労をかけたくないという思いの両方の間で揺れているアンビバレントの状況にある
○ 多くの高齢者は自宅で生活したいと思っているはずだが、さまざまな条件により実際の生活場所を選択していると考えられる

【プラン】
○ Aさんと家族が介護について取り組んできたことを理解し、尊重するために、これまでのいきさつについて聞いてみる
○ Aさんと家族に、自宅に外泊することを提案してみる
○ 同じような思いをもつ利用者もいると思われるので、利用者・家族の懇談会などホームとして対応できることはないか話し合いをしてみる

【事例を提示して考えたこと】
　利用者本位という支援のあり方として、利用者の意見にそうことを考えていたが、さまざまな事情や条件のなかで、利用者本人や家族、施設の職員など関係者それぞれが、できるかぎりのことをしようと考えていることがわかった

筆者作成

第6章
事例を用いた相談援助演習計画例

　演習において実践的にソーシャルワークの専門性、理論・アプローチを学ぶには、事例や場面を活用し、具体的な利用者や場面、関連する人々や組織を想定しながら考えを深めていくことが有用である。

　事例とは、利用者個人・利用者のみならず、家族が含まれたり、ときには組織や団体、地域なども含まれるものである。そして、その分野や対象が子ども、高齢者、障害者など、その特性に応じて事例として検討する内容も多岐にわたる。また演習として取り上げたい題材としては、ソーシャルワークの視点や価値などの基盤となるもの、ジェネラリスト・ソーシャルワークの観点から、ミクロ・メゾ・マクロなどとして整理することができる。

　演習担当教員が演習授業計画を考えていくには、自分が取り上げようとする事例や場面が、どの分野や対象、またどのようなソーシャルワークの方法論や技術を学ぶことを目的としているのか、立ち位置を確認しておくと、演習のテーマや目標が明確になる。さらに現場実践や福祉システムの全体を見渡し、提示する事例からどのような展開を考えるのか、連携やネットワークなどを意識することによって、履修生の視野を広げるような演習内容にもなるだろう。

　以下、本章においては、15の事例による15の演習計画例を示すことにする。各演習において、取り上げる事例から学ぶ内容、目的を明確にするために、「事例の特性」と「学習のねらい」を整理して、事例の活用法を示唆する**表2-13**（p.138）を添えるので、授業計画づくりの参考にしてもらえればありがたい。

　そして、科目学習を習得したことを前提に演習が進められるが、履修生やカリキュラムの配置によっては未履修、復習が必要であることも少なくない。そのため、演習に先立ち、履修生に事前学習を課すことで効果的な演習にできる可能性がある。そこで、本章の15の事例それぞれに事前学習の項を設け、用語の自己学習のために教材を示した部分もある。さらに、演習課題を遂行するうえでツールとしてよく使われる、ジェノグラム、エコマップ、KJ法の意味・概念については、事前に履修生に学習するよう促す必要がある。

演習1 「専門的援助関係の樹立に向けたコミュニケーション」

(1) 学習目標

　自分の対人関係の傾向とその背景等を振り返ることと、人間関係形成に向けた利用者理解とは何かなどを学ぶことを通して、専門的援助関係に向けたコミュニケーションを考えることをねらいとする。利用者が発信するメッセージを読み取れているか、自分が発信するメッセージや情報が利用者にどのように伝わっているか、つまりコミュニケーションが成り立つとはどういうことかを考える。さらに、利用者との何気ない会話に専門的援助関係を見出せることを理解する。

(2) 事例

> 　ある日の通所介護事業所の相談員とAさん（女性・70歳）の会話
> 　Aさん「夫の介護は疲れます。通院のときに車いすに乗せたり降ろしたりすると、あとで膝の痛みがひどくなるんです」
> 　相談員「介護保険で自動車への乗降介助をしてくれる介護タクシーを使えば、Aさんの負担は軽くなるので使ってみてはどうですか？」
> 　Aさん「通所介護でお世話になっている。夫の介護は家族の仕事です。これ以上他人様にお世話になるわけにはいかない」
> 　相談員「それなら、長男の奥さんは運転ができるのですから、通院介助を手伝ってもらうことはできないのですか？」
> 　Aさん「嫁には家事と育児をしっかりしてもらい家を守ってもらわねばなりません。だから、自分たち夫婦のことで子どもに迷惑をかけることはできません」
>
> ①Aさんの状況
> 　Aさんには変形性膝関節症の痛みがあり通院中。痛みをこらえながら夫（72歳）の通院介助などの介護をしている。
>
> ②夫の心身状況とサービス利用までの経緯
> 　要介護4で、車いすを使い、起居に手助けが必要。高血圧内科的疾患、皮膚疾患があり週1回、病院に通院している。5年前に脳梗塞で身体が不自由になったときに、民生委員の勧めで要介護認定の申請をしたところ、要介護3の認定がなされた。民生委員がたびたび訪問して、介護保険サービスの利用を勧めたが、Aさんは夫の世話は自分でしたいと、介護保険のサービスは使わなかったが、入浴介助が困難になり2か月前から週1回の通所介護を利用するようになった。
>
> ③家族
> 　Aさんは夫と二人暮しだが、長男（42歳）が結婚して同じ敷地内の別棟に居住。長男は妻（40歳）と3人の子どもがいて、妻は専業主婦で家事と3人の子どもの世話をしている。

④生活歴・就労歴

夫は専業農家で、Aさんは夫の農業を手伝い子ども3人を育てた。Aさんと夫は代々続いた自宅の敷地、農地を守ってきた。近隣には夫の親族がいて、彼らとの密な交流がある。

(3)演習の進め方の概要

①自分の感情とコミュニケーションの傾向に気づく。
②他者(グループメンバー等)の支援を受け、自己の理解を促す。
③専門的援助としての利用者の理解：利用者の何を理解するのかを考える。
④専門的援助関係の基盤になる価値の理解：自己決定と専門的援助の関係を考える。
⑤専門的価値と面接とコミュニケーション：専門的援助に求められる「聴く」ということの意味を考え、「聴く」訓練を設定する。

(4)演習課題

①Aさんへの印象や感情をグループメンバー間で確認し合い、自分を振り返る。
②Aさんが生きてきた時間や社会・文化状況と、Aさんがもっている価値感について話し合う。
③相談員の応答の意図・計画を話し合い、専門的援助について話し合う。
④Aさんの意思を尊重するとはどういうことなのかについて話し合う。
⑤Aさんへの理解を深めたうえで、専門的援助関係の形成を意識したロールプレイを行う。ロールプレイの際の視点、留意点を話し合う。
⑥ロールプレイを逐語記録し、相談員のAさんへの応答との共通点と相違点を話し合う。

(5)演習に臨むにあたっての事前学習

①専門的援助関係のあり方やソーシャルワークの原則を調べておく。
②専門職の実践の基盤となる価値や基本原則、例えば自己決定の意味などを調べておく。自分の経験や価値と基本原則を照らし合わせておくとよい。
③利用者(Aさん)の理解のために、社会と人間の発達、家族と社会など、社会と個人の関係について調べておく。
④面接技術の基本を調べておく。

(6)参考文献

○ 山田容『ワークブック社会福祉援助技術演習①対人援助の基礎』(ミネルヴァ書房、2003)
○ 川村隆彦『価値と倫理を根底に置いたソーシャルワーク演習』(中央法規出版、2002)
○ 白石大介『対人援助技術の実際―面接技法を中心に』(創元社、1988)

○Z.T. ブトゥリム、川田誉音訳『ソーシャルワークとは何か』(川島書店、1986)
○「第4章ソーシャルワークと援助関係」岩間伸之・白澤政和・福山和女編著『ソーシャルワークの理論と方法Ⅱ』(ミネルヴァ書房、2010)

演習2 「在宅で終末期を迎えたいと願う高齢者の支援」

(1) 学習目標

高齢者の終末期には、家族の介護力の低下や看取りに対する不安などが影響し、本人の希望を尊重した支援が困難になる場合が多い。本事例では、最期まで自宅で過ごしたいと願う高齢者支援におけるアプローチの方法を考え、高齢者本人、家族、医療機関、その他支援に関わる職種・機関へのソーシャルワークの留意点と方法について理解する。

(2) 事例

Aさん（男性・81歳）は、若い頃から病弱で現在までに手術（主に腎臓）を4～5回受けている。胆嚢を摘出した76歳くらいから徐々に体力が低下し、嚥下機能の低下による肺炎の発症をくり返している。また、慢性静脈不全症による歩行障害もある。

入浴が大好きで元気な頃は毎日入浴していたAさんだが、80歳になった頃から一人で入浴できなくなった。当初は妻の介助で入浴していたが、妻が胸部を骨折し入浴介助が困難になったため、自宅での入浴ができなくなった。その後、通所介護を利用して入浴するようにしたものの、体調不良で月に1～2回しか通所できない状態である。たまに通所しても「微熱があるから入浴できない」と言われ、入浴せずに帰ってくる日が多い。通所介護事業所から家族に迎えに来てほしいと連絡が入ったが、迎えに行く家族がいないため、タクシーで帰宅したことも数回あった。Aさんは入浴したいという自分の想いを受け止めてくれない通所介護事業所に不満を感じ、通所を拒否するようになっている。

また最近は、嚥下機能の低下・食欲不振が続き、失禁も多くなった。離床や室内歩行にも介助が必要で、Aさんも妻も、Aさんの死期が近いことを感じるようになっていた。そしてAさんは、自宅で死にたいという思いから、自筆で延命治療拒否の意思を書面にしたためた。

①心身・生活状況

要介護3。入浴・排せつ・移動に介助が必要。摂食動作は自立。嚥下機能の低下で服薬がやや困難。吃音障害により他者とのコミュニケーションがうまくとれない。入退院をくり返すたびに体力低下・機能低下が進んでいる。現在は、通所介護を週1回利用して生活している。

②家族

妻（81歳）と息子（57歳）と同居。妻は心臓病と腰痛、会社員の息子も高血圧症、交通事故の後遺症による頭痛、首や肩の痛み、膝痛などがある。息子の支援は、定期的な通院介助と買い物である。

③生活歴・就労歴

一人息子として産まれ、農業・漁業を営んできた。

④経済状況

　国民年金を受給。不足分は貯金を取り崩しながら生活。

⑤地域の状況

　過疎化している集落。生鮮食品は週2回の移動販売車で購入。ほかの生活必需品は車で20分の町で購入。その町には病院と市役所支所がある。近所で支えあう関係は良好だが、介護は家族が行うものであるという意識が強く、介護サービスの利用は消極的な地域である。現在、この地域で訪問介護サービスを利用しているのは独居高齢者のみである。

（3）演習の進め方と概要

①終末期を自宅で過ごしたいと考える利用者の価値観、人生観、生活観を理解する。

②言語機能に障害のある利用者とのコミュニケーションおよび家族や関連職種とのコミュニケーションのあり方を考える。

③家族関係、家族介護力をアセスメントする必要性とアセスメントの方法について考える。

④地域の特性を理解するとともに、その地域で最期まで生活したいと願う高齢者に必要な社会資源とは何かを考える。

⑤地域生活者の終末期ケアを実践するには、医療・福祉の専門職がどのように連携すればよいか、また、ソーシャルワーカーはどのような役割を担う必要があるかを考える。

⑥利用者支援の方針を明確にするためには、どのようなチームアプローチ（マネジメント）が必要かを考える。

⑦介護保険制度の活用方法と利用者支援に必要な資源を開発するためのプロセスを考える。

（4）演習課題

①事例のAさんの生活状況について感じたことを話し合う。

②通所介護事業所に行きたくないというAさんの状況に対してどのような対応を行えばよいか話し合う。

③利用者の希望をふまえて、関係機関・関係職種との連携のあり方について話し合う。

④Aさんを支援するために必要な社会資源は何か、資源開発の必要性を含めて話し合う。

⑤AさんおよびAさんの家族と面接して把握しなければならない情報について話し合う。

⑥今後のAさんの支援方針について検討会を開催する（ロールプレイの実施）。

（5）演習に臨むにあたっての事前学習

①介護保険制度における終末期対応サービスの種類とシステムを調べる。

②支援に関わる関係機関・関係職種の役割を調べる。

③サービス担当者会議、サービス調整会議の概念や方法を調べる。

④専門職としての姿勢・態度・コミュニケーションの技法について調べる。

（6）参考文献

○ 中西正司・上野千鶴子『当事者主権』(岩波書店、2003)
○ 南山短期大学人間関係科監修、津村俊充・山口真人編『人間関係トレーニング　第2版』(ナカニシヤ出版、2005)

演習3 「認知症の一人暮らし高齢者の生活支援のためのアセスメント」

(1) 学習目標

　一人暮らし高齢者が、認知症になった場合、関係者は当事者の安全などを理由に一人暮らしをやめさせ、施設入所、グループホームなどの対応がとられる場合が少なくない。しかし、専門職が対応方法を導くためには根拠となるべくアセスメントが不可欠である。ケア会議に提出された認知症の一人暮らし高齢者の事例の情報を整理・分析・解釈し、ニーズを考えるというアセスメントを理解する。

(2) 事例

　Kさん(女性・75歳)担当のケアマネジャーは、Kさんの娘の帰省に合わせ、ケア会議を開催した。出席者は、ケアマネジャーのほか、Kさん娘、ヘルパーステーション所長、デイサービス所長の4人であった。ケア会議では、睡眠薬の管理と金銭管理の問題が取り上げられた。

①生活の背景

　Kさんは軽度認知症(要介護1、認知症の日常生活自立度Ⅱa)、独居である。家族は、夫が10年前に他界し、子ども2人(娘と息子)は遠方に住んでいる。現在は訪問介護を週4回、通所介護を週3回利用している。

②服薬管理の問題

　Kさんは睡眠薬を近所のA内科で、1日1錠分を1か月ごとに処方してもらっているが、最近は2週間程度で薬がなくなることから、1日2錠以上服用しているようである。この服薬量についてヘルパーが質問しても「そうだったかなあ。忘れた」と答えるだけである。ちょうど1か月前の早朝、Kさんはヘルパーステーション所長に「ヘルパーが睡眠薬を隠した。おかげで今まで眠れなかった」と声を荒げて電話をかけてきた。連絡を受けたケアマネジャーは、その日の午前中にKさん宅を訪問したが、朝方から眠れたのか機嫌よく応対していた。

　ヘルパーステーション所長から「Kさんは睡眠薬の管理ができていないが、カレンダーに張りつけるのも嫌がるので、こちらで確認をとりにくい。処方してもらった日付がわかれば服薬量が推測できるので、A内科ではなく、アルツハイマーの薬を処方してもらっているH病院から出してもらえばヘルパーが確認しやすい」という意見が出された。

③金銭管理の問題

　現在、本人の預貯金はすべて娘が管理し、本人はキャッシュカードを1枚だけ所持し、口座から生活に必要な金額だけ引き出して使っている。娘が通帳を預かるようになったのは、半年ほど前に本人が、カードの支払いを管理できない、暗証番号を忘れた、などと訴えたためである。金銭管理については本人に同意を得ている。当初、娘はある程度まとまった金額

を口座に入れておいたが、あまりに頻繁に引き出すので、途中から２週間程度の生活費を小分けにして振り込むことにした。ところが、最近、クレジットカードによるＫさんの高額な買い物について娘が問いただしたところ、Ｋさんの不満が爆発し、娘に自分の通帳を返してほしいと訴えてきた。ここ数日、Ｋさんは娘に電話やメールで「たとえ娘であっても親のお金を管理し、使いみちにとやかく意見する権利はない。通帳を返してほしい」と訴えている。娘は何度も「万が一に備えてお金を残しておかなければいけないから、お母さんが使い過ぎないように管理している」と説明したが、Ｋさんは「自分はそんなに長く寝込まない。邪魔だったら施設に入れてくれたらいい。自分の年金や自分で貯めたお金を自由に使って何が悪いのか。友だちに話したら同情された」と反論してくる。ヘルパーステーション所長は、「最近ではお金の話しかせず、『私が自由に使えるお金が一銭もない。娘がお金を管理して使わせてくれない。このままでは老後がみじめだ』と訴えている」と話す。Ｋさんのあまりに激しい攻撃に、最近、娘は気が滅入ってきている。すぐに忘れるだろうと考え、Ｋさんの要求を無視していたら、１週間後同様のメールがあった。娘はどうすべきか迷っている。

（３）演習の進め方の概要

　軽度認知症高齢者は、判断能力や意思能力を保っている部分が多いからこそ、家族にとって支援困難と感じることがある。一人暮らしの服薬管理はとくに難しく、認知症という病気の特性から、ヘルパーによる服薬の確認は健康維持のために不可欠である。また、金銭管理の問題に見られるように、認知症による記憶障害は日常生活の思わぬところに支障を及ぼし、周りを驚かせるばかりでなく、できない自分に対する悲しみ、怒りなどの感情を生じさせる場合がある。

　ここでは、ケアマネジャー（社会福祉士の有資格者と想定する）の立場から提示された情報をもとにアセスメントを行い、認知症高齢者のアセスメントの基本的視点を学習する。

（４）具体的な演習課題

①認知症の障害特性について、知識、見聞きしたことを話し合ってみよう。
②かぎられた情報を分析し、あらゆる可能性を推測することも相談援助技術の一つである。事例から浮かび上がってくるＫさんの人物像について話し合ってみよう。その際、発言者は必ず根拠を述べること。
③ヘルパーステーション所長はどのようなことを心配し、睡眠薬の管理を徹底したいと考えているのだろうか。話し合ってみよう。
④ケアマネジャーの立場で、以下の点についてアセスメントしてみよう。
　○Ｋさんの不眠の要因を考えてみる。高齢者の睡眠傾向やＫさんの性格、利用しているサービス、想定される日常生活などからアセスメントすること。
　○Ｋさんはなぜ睡眠薬を自分で管理したいと考えているのか。

○金銭管理について、Kさんの価値観と娘の価値観にどのような対立が見られるか。
○金銭管理を巡る問題から、Kさんはどのような不安を抱えていると考えられるか。
○Kさんの生活について、何が一番の問題だと考えるか。
○服薬管理、金銭管理に関して、ケアマネジャーが取り組まなければならないニーズは何か。

(5)演習に臨むにあたっての復習や事前学習

　認知症という障害の特性、介護保険制度の概要、要介護認定区分の判断基準、認知症高齢者の日常生活自立度の判断基準について事前に学習しておく。アセスメントの基本的な知識について、教科書を読み直しておく。

(6)参考文献

○ 渡部律子『高齢者援助における相談面接の理論と実際』(医歯薬出版、1999)
○ 川上隆彦『価値と倫理を根底に置いたソーシャルワーク演習』(中央法規出版、2002)
○ 認知症高齢者ケア研究会編『認知症「日常生活」サポート・ブック―在宅DFDLがひらくこれからの介護』(中央法規出版、2007)

演習4 「権利擁護の観点から子どもの生活環境に介入する支援」

(1) 学習目標

　子どもの虐待においては、その事例に遭遇したとしても、「虐待ではない」「一緒に生活できる」という親の言葉に阻まれ、介入の機会を逸し、重篤な事態におちいる場合が少なくない。そのため、自ら援助を求められない子どもの救済には、権利擁護の観点から生活環境をアセスメントすることが最も重要となる。そこで、本事例では、ネグレクトの状況にある子どもとその生活環境について理解することを目標とする。

(2) 事例

①一時保護に至った経緯

　夜中の11時頃、マンション前で母親の帰りを待つ女児Aちゃん（3歳）をよく見かけるようになった住民が、衣服や手足が汚れていることから、親の放任を心配し「虐待かもしれない」と、警察に虐待通告の連絡を入れた。Aちゃんを保護した警察は、親の所在がわからなかったため、児童相談所に関与を要請した。

　翌朝、ホステスの仕事を終えて帰宅した母親Bさんは、いなくなったAちゃんを心配して警察へ届け、警察で保護された後、児童相談所に一時保護されたことを知った。

　児童相談所を訪ねたBさんは、児童福祉司Cさんと面談した。

　Aちゃんは「お母さんと一緒にいたい」と言う。

　Bさんは「離婚して2人で生活するためには、まずはお金を稼がなければならないので、店の託児所に預けられるようになるまで、家において仕事に行くしかない。それがだめなら、保育料を払えるようになるまで児童相談所の一時保護で預かってもらえるならそれでもいい」と話した。

　一時保護対応となったAちゃんは一時保護所で、Bさんは自宅でと、一時的に離れて生活することになった。

②生活歴

　妊娠したBさんは、父親の暴力が絶えない家庭から逃れるように高校を中退し、同じく高校中退の夫Dさんと結婚した。Aちゃんを出産後、DさんにAちゃんを預けてホステスとして働きはじめたBさんは、働かずに暴力をふるうDさんとの生活から逃れるために、Aちゃんを連れて家を出た。

　しかし、実家に戻るわけにもいかず、Aちゃんを託児所に預けることもできないまま、ホステスとして働き続けた。Aちゃんのことは気になったが仕方がなかった。

③一時保護前の生活状況

　はじめは夕飯を食べさせ、寝かせてから家を出たが、Aちゃんがいうことを聞かず出勤時

間に間に合わないときは、食事は用意するが、Aちゃんが追いかけてきても、そのまま放って家を出るしかなかった。

④引き取り希望が出された時点での生活状況

　1か月後、託児所の保育料が支払えるようになったAさんから「引き取りたい」という連絡を受けたCさんは自宅訪問してBさんの生活環境に触れながら、そこで面接する機会を得た。1Kのマンションの室内は、衣類や雑貨、空になった菓子袋やビール缶、ペットボトルのゴミなどが散乱して床面はほとんど見えなかった。テーブルや流し台の上は汚れた食器でいっぱいになっており、異臭がして不衛生な様子だった。

　Bさんは「すぐに引き取りたい」と言うが、Cさんは、現時点では子どもの生活環境として適切とはいえないと判断し、所内会議にて検討したい旨を伝えてBさん宅を辞した。

（3）演習の進め方の概要

　5～6人のグループをつくり、グループ内でリーダー（司会）、記録、発表者を決めてから演習課題に取り組み、話し合った成果をグループごとに発表する。

①利用者理解

　子ども虐待のネグレクトの意味と、Aちゃんにとってのネグレクトの意味について、権利擁護の観点から理解する。

②アセスメント

　①において理解したことと、Bさんの生活状況を合わせて、総合的にBさんの力、Aちゃんの力を評価し、ソーシャルワークにおいて解決すべき問題を検討する。この際に論点となるのは、権利擁護の観点から、（ア）分離支援の継続か、あるいは（イ）一時保護を解除して家庭復帰支援とするか、という問題であろう。

③ソーシャルワークで解決すべき問題

　アセスメントに基づきプランニングを行う。（ア）分離支援のプランニング、（イ）家庭復帰支援のプランニングの双方について議論する。

（4）具体的な演習課題

①利用者理解

　事例について感じたことを話し合う。権利擁護の観点から、ネグレクトとして考えられるポイントについて話し合う。

②アセスメント

　Bさんの力、Aちゃんの力、分離支援のメリット・デメリット、家庭復帰支援のメリット・デメリットに関する考えを各自、ふせんに記入し、模造紙上でKJ法に基づく分類を行う。

　次に、ソーシャルワークで解決すべきニーズと、分離支援と家庭復帰支援のいずれかの支援

目標を明らかにする。
③プランニング
アセスメントで確認できた支援目標に基づくプランニングを検討する会議を開催する（ロールプレイの実施）

（5）演習に臨むにあたっての事前学習

①子ども虐待の種類を調べ、ネグレクトについて理解する。
②子ども虐待の要因について調べる。
③子ども虐待に関わる関係機関とその役割について調べる。
④ソーシャルワークの援助過程のうち、アセスメントとプランニング段階について調べる。

（6）参考文献

○ 大橋謙策・白澤政和・米本秀仁編著『相談援助の基盤と専門職』（ミネルヴァ書房、2010）
○ 岩間伸之・白澤政和・福山和女編著『ソーシャルワークの理論と方法Ⅰ』、『ソーシャルワークの理論と方法Ⅱ』（ミネルヴァ書房、2010）
○ 川村隆彦『ソーシャルワーカーの力量を高める理論・アプローチ』（中央法規出版、2011）

演習5「高齢者と障害のある孫の世帯への支援」

(1) 学習目標

　暮らしの問題は、家族という私的領域の範疇と考えられ外部からは見えにくく、対応に緊急性を要するにも関わらず、専門的介入ができず、悲惨な事件へと発展することが少なくない。しかし、何らかの情報がどこかで発信されることも少なくない。地域包括支援センターなどの機関のソーシャルワーカーが、こうした情報をキャッチした場合、ソーシャルワークの視点でどのように捉え、どのように対応の緊急性を判断し、支援を展開するのかを考える。

(2) 事例

　地域包括支援センターに家族から電話相談があった。25歳の孫と二人暮らしのAさん(女性・83歳)が、孫からの暴力や暴言、介護放棄で、困っているとのことであった。相談員が訪問して、「何かお困りのことはありませんか？」と尋ねても、当事者であるAさんは「何も問題はない」「孫がしっかり働いてくれれば大丈夫」と繰り返すばかり。

①家族の背景

　Aさんと孫のTさんは、古い農家で二人暮らし。Aさんの夫は20年前に病死し、息子夫婦(Tさんの両親)は10年前に他界、海外に嫁いだ娘が1人いる。Tさん以外の孫5人は結婚したり就職したりして、みな独立している。

②生活歴と身体状況

　長年の農作業で腰が曲がり、視力や足腰がだいぶ弱くなっているAさんは、今でも畑仕事が生きがい。「借金せずにこの家を建てた」ことが自慢の働き者である。10年来、家事一切とTさんの世話をしてきたが、徐々に物忘れが進み、若いときのように身体も動かず、落ち込んだりイライラしたりして、Tさんに愚痴をこぼしたり、叱りつけたりする。Aさんの願いは、Tさんが一人前に農業に従事して自立することである。

③同居している孫の状況

　生まれつき情緒的に軽度の発達障害のあるTさんは、ここ数年、昼夜逆転で自室に閉じこもり気味で、Aさんにはほとんど口を利かないか、大声で罵ったり、ときには物を投げつけたりすることもある。両親が他界した際に精神科に受診したが、定期的な通院ができず精神障害の治療はきちんとされていない。大好きだった母親が生前、嫁姑の不仲で度々いさかいのあったAさんに対して否定的な感情を抱えている。Aさんから生活について注意を受けても、カッとなって怒鳴り返すばかりで話し合うことはできない。好きなテレビ番組や鏡に向って会話をしていることが多い。

④生活の様子

　2人の生活は、わずかな年金と長男夫婦の残した貯えを切り崩してやりくりしているが、

Tさんは外食をし、ゲーム、漫画、高価な電気製品などを無計画に次々と購入している。室内は、掃除はされているものの、Tさんの趣味のものと、古くから使い慣れた日用品が混在して、なんとなくちぐはぐで暗い印象。また、近所との付き合いもあまりない様子であった。

⑤介入のきっかけとなる出来事

あるとき、畑が荒れ放題になっているのにぶらぶらしているTさんを見かねて、除草や水の管理をして働いたAさんは、疲れで何日も寝込んでしまった。腰が痛くて起き上がれないが、病院へ行くには車を使わないと街まで出られない。しかし、通院のための運転をいくら頼んでもTさんの気が向かないため、通院することができなかった。食事の支度も思うようにできず、カップ麺やお茶漬けなどで数日過ごし、死にたいくらい辛い気持ちになったAさんは、海外の娘に電話をかけて訴えた。娘が電話でTさんに注意をすると、Tさんは怒って暴れだし、家具や食器を壊したり、Aさんに向って投げつけたりした。頭をかばった手に茶碗があたり、青黒い痣になってしまった。

（3）演習の進め方と概要

①Aさんの願い・要望と専門的ニーズ(formative needs)の理解

自己決定、人権擁護等ソーシャルワーカーの価値を理解し、Aさんの願い・要望と専門的ニーズを考える。

②Aさん世帯のアセスメントについての理解

家族をシステムとして理解して、情報収集の方法も考えつつアセスメントをする。

③ソーシャルワークのアプローチを活用して支援の理解

アセスメントをもとに、対応の緊急性とどのようなソーシャルワークのアプローチが使えるかについて考える。

④他機関連携の理解

入口は地域包括支援センターであるが、行政機関、保健センター、地域生活支援センター、病院などの関係機関との連携のあり方と方法を考える。

（4）具体的な演習課題

①Aさんの自己決定と人権擁護についてグループで話し合ってみる。

②ジェノグラムやエコマップなどのツールを活用し、家族関係の視覚化を図る。

③アセスメントして仮説を立て、介入する際のアプローチを検討する。

④アセスメントをもとにグループで話し合い、関係機関の連携について考える。

⑤地域包括支援センター、行政機関、保健センター、地域生活支援センター等機関の役割をふまえて、それぞれの支援計画を立てる。

⑥⑤の各機関の支援計画をもち寄ってケア会議を開催し、チームとして介入の方法を考える。

（5）演習に臨むにあたっての復習や事前学習

①発達障害の障害特性と地域における支援（成人）の現状を調べておく。
②地域包括支援センター、行政等高齢者の支援機関と保健センター、地域生活支援センター等の機能・役割を調べておく。
③権利擁護、自己決定等ソーシャルワークの価値から生まれた原則を確認しておく。
④人権侵害、緊急性を要する場合に活用可能な主なソーシャルワークのアプローチについて調べて、理解しておく。
⑤アウトリーチの概念と具体的な方法を調べておく。

（6）参考文献

○ フランシス・J・ターナー編、米本秀仁監訳『ソーシャルワーク・トリートメント（上）（下）―相互連結理論アプローチ』(中央法規出版、1999)

○ 得津慎子『家族援助の理論と方法―システム論に基づく家族福祉の実践―』(西日本法規出版、星雲社、1999)

○ 得津慎子『ソーシャル・ケースワーク―社会福祉援助技術の理論と方法』(ふくろう出版、2008)

○ 岩間伸之『援助を深める事例研究の方法―対人援助のためのケースカンファレンス―』(ミネルヴァ書房、1999)

演習6 「福祉サービスによる支援を望まないホームレスの支援」

(1) 学習目標

　ソーシャルワークの実践場面には、必ずしも支援や福祉施設での生活を望まない利用者もいる。そのような人々に対してどのような働きかけをすればよいのか、また利用者の健康上必要なケアや社会的に必要な対応をするために、他機関、他職種といかに連携協力を図るのかについて考え、ソーシャルワークの支援過程と方法を理解する。

(2) 事例

　Aさん（男性・53歳）は、長年の野宿生活による体調不良を訴え、福祉事務所に相談に行った。福祉事務所に行ったのは、公園のホームレス仲間から、何かあったときには福祉事務所に相談するとよいと聞いていたからである。福祉事務所の紹介により病院を受診したところ、肺結核の診断を受け、結核治療の専門病院に入院することになった。入院6か月が過ぎ、結核の感染性もなくなり退院が可能となったので、退院後の生活場所について検討することになった。

　ソーシャルワーカーがAさんと面接し、退院後どのように生活しようと考えているのかを聞いてみると、「公園に戻る」という。通院や服薬も必要だし、施設で生活するのはどうかと提案すると「これ以上、窮屈な生活をするのはいやだ」という。

①心身状況
　退院後も通院・服薬が必要な状況。日常動作は自立しているが、肺結核後遺症の呼吸機能障害のため、動作には息切れが伴うので、ゆっくり休みながら動く必要がある。

②家族
　結婚歴はなく、頼れる家族はいない。故郷にいる長兄は隠居生活を送っており、ほとんど連絡をとっていない。

③生活歴・就労歴
　30年前に上京し、運送業に従事。景気が悪くなるとともに仕事が減ってきたため、ドヤ（簡易宿泊所）に泊まりながら日雇い労働や飯場での土木作業に従事するようになった。それらの仕事が得られなくなった6年前から公園でテントを張り、野宿生活を送っている。

④経済状況
　入院前は雑誌集めなどをして日銭を稼いでいたが定期的な収入はなく、保険も未加入であり、入院後、生活保護を受給することになった。

⑤地域の状況
　Aさんが野宿していた公園にはたくさんの路上生活者がおり、NPO団体や宗教団体などの複数の団体が炊き出しを行い、食事を提供している。公園周辺は商店街になっているが、

住民との間に行き来はない。
　行政の関わりとしては、福祉事務所が路上生活者の生活保護や施設利用の相談支援にあたっている。圏内には、ホームレスの緊急一時保護センター、自立支援センターがある。さらに、生活保護法の救護施設、更生施設がある。また「感染症の予防及び感染症の患者に対する医療に関する法律」の規定により、保健所の保健師が結核患者の退院後の経過観察にあたることになっている。

（3）演習の進め方の概要

①利用者理解
　自分とは異なる生活様式、価値観をもつ利用者を理解する。
②自己覚知
　自己の価値観に気づき、利用者を尊重する支援のあり方を考える。
③治療モデル、生活モデル、ストレングスモデルの理解
　それぞれのモデルの考え方、支援のあり方の違いを理解する。
④インタープロフェッショナルワーク（専門職連携）
　保健医療職など他職種の立場を理解しながら、機能の異なる関係機関同士、専門性の異なる関係職種同士の連携協力のあり方を考える。
⑤チームアプローチ、ケア会議
　チームアプローチ、ケア会議において、利用者支援の方針について合意形成を図るプロセスを学ぶ。

（4）演習課題

①事例を読んで、Aさんについて感じたことを話し合う。
②支援を望まない利用者への対応のあり方を検討する。
③治療モデル、生活モデル、ストレングスモデル、それぞれに基づく支援方針を検討し、特徴を比較する。
④機関間、職種間の連携を図るために、ソーシャルワーカーには関係スタッフの一人としてどのような姿勢や対応が必要かについて話し合う。
⑤関係機関の機能、関係職種の役割を理解し、ケア会議のロールプレイを行う。

（5）演習に臨むにあたっての事前学習

①路上生活者の生活状況について、新聞やインターネットなどを利用して調べておく。
②支援や連携のあり方を理解するために必要となる、「治療モデル」「生活モデル」「ストレングス」「インタープロフェッショナルワーク」「チームアプローチ」「ケア会議」の概念、方法

論などを調べておく。

③事例を理解するために、関係機関の機能、関係職種の役割などについて調べておく。

(6) 参考文献

○ 埼玉県立大学編『IPWを学ぶ―利用者中心の保健医療福祉連携』(中央法規出版、2009)

○ 社会福祉士養成講座編集委員会編「第5章第4節専門多職種のチームアプローチとコミュニティソーシャルワーク」『新・社会福祉士養成講座第9巻　地域福祉の理論と方法　第2版』(中央法規出版、2010)

演習7　「親と生活する知的障害者の自立支援」

（1）学習目標

　家族と生活してきた知的障害者の自立支援では、親と本人の意思の違いが生じる場合が少なくない。ソーシャルワークにおける「自立」の概念を踏まえたうえで、障害当事者と家族の希望・意思が異なる知的障害者の自立支援を考える。

（2）事例

　Aさん（男性・28歳）は知的障害がある。生まれてから現在も父母と弟の家族4人暮らしであるが、最近になって親はグループホームを利用させたいと考えるようになった。しかし、本人は「グループホームはいやです」と言っている。

①生育歴と障害状況

　幼児期に"広汎性発達障害"、"学習障害"、軽度の知的障害などと診断され、小学校まで普学級で過ごした。中学校から特殊学級（現特別支援学級）に入級し、高校は養護学校（特別支援学校）に進んだ。中学生のときには自閉症といわれた。15歳のときに療育手帳を取得。

　現在、ADLは自立。服装やおしゃれには無頓着で、声かけを必要とする。ことばでの意思疎通はできるが、会話のキャッチボールは難しい。おしゃべりをすることを好むが、自分の好きなドラマや俳優や歌手の話を一方的に話すことが多い。金銭管理は、工賃の月約2万円は可能であり、すべてを小遣いとして使っている。障害年金は母親がすべて貯金し、生活費は親が支払っている。

②就労歴

　Aさんは、高校3年の時に市内のB会社で実習を行ったところうまくいったので、高校卒業と同時にその会社に就職した。しかし、周囲の人との関係が苦痛となり、数か月で退職した。その後、職業訓練センターで2年間の寮生活をしながら職業訓練を受けたが、一般就労には結びつかなかった。いくつかの作業所を経て、現在就労継続支援B型のC事業所に週5日通所している。本人の収入は工賃が月に約2万円と障害者年金（2級）である。

③本人が書いた施設での1日の過ごし方

　「僕は『A』です。これから僕の1日を紹介します。今、僕は、自宅から隣の市のCという施設で作業をしています。朝7時30分に家を出て、バスと電車を乗り継ぎ、9時までに向かいます。タイムカードを押して朝会をして、9時10分から仕事が始まるよ。僕の仕事は施設内にログハウスがあってそこで野菜や自家製コンニャクを販売しています。ログハウスは利用者4人で職員は2人です。お客さんは産業廃棄物会社の清掃ダンプの作業員やD会社の大型トラック運転手、E運輸の大型トラック運転手などがコーヒーやお茶、ドリンク剤、お隣のパン班のパンを買いに来ます。ログハウスが工業団地のなかにあって工場や産廃会社が

多いからです。

　お野菜の販売は市内の住宅に売りに行きます。だいたい、御用聞きの人々に売りに行きます。地域の人々はほとんど、野菜や自主製品を買いにきます。手づくりこんにゃくが今大人気です。味は愛媛ユズ、青のり、三浦ひじきですね。お昼休みは、早ご飯12時、昼遅ごはん13時です。早ご飯のときは、大好きな事務員のKさんや職員のTさんなどと、レゴシティの日野プロフィア200トンマルチトレーラートラックのカタログの話をしているよ。仕事は15時40分に終了です。終礼があって、16時にタイムカードを押して帰ります。時々は寄り道します。M市のデパートでレゴ見物やうまいもの市があれば十勝キャラメルソフトを食べたりします。別のデパートではアロマやCD、本を見ています。家に18時10分ごろに帰宅です。」

④通所利用時以外の過ごし方

　最近は、疲れやすいと言い、家で1人で過ごすことが増えた。施設から帰宅すると、パソコンで、音楽を聞いたり、インターネットで検索したり、冊子づくり（好きなブロックの新製品のオリジナルカタログづくり）をしたりしている。休日は、1人で外出して、ショッピングやカラオケを楽しむ。地域の障害者サークルにも参加しているが、周囲の人に合わせるのは不得意で、興味のあることだけに参加している。

（3）演習の進め方の概要

①Aさんの障害の特性と生活状況を理解する。
　行動範囲、消費活動、金銭管理、健康管理、家族・対人関係などの点から考える。
②親とAさんの意思が食い違う背景を考える。
　親のグループホーム利用希望とAさんのグループホーム利用への躊躇の背景を理解する。
③Aさんと親の意思の調和の支援を考える
　両者の希望や思いを大切にしつつ、食い違いが生じた場合の支援について考える。
④Aさんが家族と別居して自立生活ができる可能性とその支援について理解する。

（4）演習内容

①Aさんの障害状況と生活状況をグループで整理し、分析する。
②自立の概念とAさんの自立を比較検討し、Aさんの自立の目標について話し合う。
③Aさんの自立の目標を達成するために、Aさん、家族、社会資源などに働きかける際の考え方について話し合う。
④自分の住んでいる地域や実習先の地域の社会資源で、Aさんが親との別居による自立生活の可能性について話し合う。そして、可能な場合は具体的な支援計画を、不可能な場合はインフォーマルな社会資源等サービスを創設するための手続きや過程について具体的な計

画を立ててみる。

（5）演習に臨むにあたっての事前学習

①理論（文献）をふまえて、オリジナルの障害者の自立の概念をまとめておく。

②幼い頃からの障害で親と生活し、成人期を迎えた障害者と親の関係について調べておく。

③自分の住んでいる自治体、実習先の自治体、職場のある自治体のいずれかにおける知的障害者を対象とする社会資源について調べておく。

④広汎性発達障害、学習障害、発達障害、知的障害の区分について学習しておく。

（6）参考文献

○ 中西正司・上野千鶴子『当事者主権』（岩波書店、2003）

○ 社会福祉士養成講座編集委員会編『新・社会福祉士養成講座第14巻　障害者に対する支援と障害者自立支援制度　第2版』（中央法規出版、2010）

○ 日本知的障害者福祉協会編「はじめて働くあなたへ―よき支援者を目指して―」（日本知的障害者福祉協会、2011）

○ 白鳥めぐみ・諏方智広・本間尚史『きょうだい―障害のある家族との道のり』（中央法規出版、2010）

演習8 「老人保健施設からの退所をめぐる支援」

(1) 学習目標

高齢者領域における支援過程では、介護保険の導入以来、概してサービス提供による課題解決が優先的に実施される可能性がある。そのことに意識的に着目しながら、高齢者とその家族の真のニーズに迫るソーシャルワークのプロセスについて、面接技術や他機関との連携を通して理解を深める。

(2) 事例

　Aさん（女性・80歳）は、脳梗塞と認知症により現在、老人保健施設（以下、老健）に入所中である。この施設には、最初に入院した病院の近隣にある同系列の療養施設として紹介されてきた。ここに来てから5か月になる。老健からは、そろそろ退院を、と言われている。

　しかし、Aさんは入院中に認知症を併発し、足を引きずりながら院内を徘徊し、時々失禁することもある。そのうえ、面会に来る家族の顔の認識も定かではない様子で、気力はまったくなくなっている。

①心身状況

　加齢による脳梗塞を発症している。救急入院により一命は取り止めたため、歩行がゆっくりとはなったものの上下肢の麻痺も軽く、日常生活ではとくに問題はない。しかし、生活全般への判断力が低下し意欲を失っており、認知症との診断を受けた。

②家族

　夫は10年前に死亡している。子どもは、娘が2人。長女の結婚後も同居し、共稼ぎの長女の家族の面倒を見てきた。孫は3人でとても祖母を大事にしているが、ちょうど受験期の孫がいる。次女は近隣に住み、子どもが2人いる。日常的にも往来があり、両家族は親しく交流している。

③経済状況

　Aさんの現在の収入は、夫の遺族年金である。年金額は、自分の小遣いとして使用するには不足はない。生活費は全面的に長女夫妻の担うところとなっている。夫の死後は、生命保険や預金は住宅ローンのくり上げ支払いに回し、それほど多く残ってはいないが、同居している家族がいる現状ではとくに問題はない。

④地域の状況

　20年前に、長女の結婚を機に二世帯住宅形式の家を新築した。そこは新たに売り出された分譲地であって、戸建て住宅が多く、行政一区画として公民館や小さな図書館、地区センター、郵便局も徒歩圏内にそろっている。古くからの知人という付き合いはないが、自治会等の地区活動には無理ない程度に協力し、近隣との交流も必要に応じて行ってきた。次女家

族は、その地区から近隣に徒歩で行ける距離に住んでいる。

(3) 演習の進め方の概要

①利用者理解

　自分とは異なる生活観をもつ家族への理解、あえて一般的な家庭の理解を通して、本人・家族の成員一人ひとりとして捉える視点を理解する。

②自己覚知

　上記の理解を基盤に、自己の価値観・先入観(先行知識による思い込み)などにも気づき、自己覚知の概念を理解し、活動時の応用なども理解する。

③ソーシャルワークの倫理・価値

　①②を通してソーシャルワーカーに必要とされる利用者主体・利用者の尊厳の価値観を理解し、そのことへのゆるぎない倫理を必要とするソーシャルワーカーの仕事への理解を求める。

④視点としてのモデルの理解

　同時に、ソーシャルワーカーの仕事の介入における視点として、治療モデルと生活モデルとの支援方向の違いを比較し、その特徴をつかむ。

⑤地域という概念の理解

　ソーシャルワーカーの介入時、サービスの提供が考えられるが、その際において必要となる地域のサービス提供機関の種類と存在・その連携とは何か考える。

⑥地域のサービス連携のあり方

　サービスの適用により、そこに必要となる協働行動・専門職間連携の理念と各力量の涵養、チームアプローチ、ケア会議の意味と活用について理解を深める。

(4) 演習内容

①事例を読んで、Aさん家族が直面する生活上の課題と、Aさん家族それぞれの気持ちの理解を進める。同時に、その際に行う面接技術の実際を体験する。

②この家族に対する支援の方針について、ソーシャルワーク理論(生活モデル・治療モデル)の応用により、自身の価値観と選定基準を意識化する作業を行う。

③家族に必要とされるサービスの種類を抽出し、その根拠をグループで理解する。

④③のサービスが現存するサービスによって充足できるか否かを検討し、その差異と今後の創設について検討する。

⑤今後の支援の提供方法として、同時に、サービス提供機関同士の連携のあり方などについても、ロールプレイを取り入れていく。

（5）演習に臨むにあたっての事前学習

現在、実施されている介護保険制度のサービス機関の種類などを理解しておく。

（6）参考文献

- ビデオ『ぼけなんか怖くない～グループホームで立ち直る人々～』
- 岩間伸之・白澤政和・福山和女編著『ソーシャルワークの理論と方法Ⅱ』（ミネルヴァ書房、2010）
- 日本認知症ケア学会編『認知症ケアの基礎（認知症ケア標準テキスト）』（KKワールドプランニング、2004）

演習9「病院におけるチームアプローチと支援」

(1) 学習目標

　病院に緊急入院した高齢者が高次脳機能障害を抱えるが、その緊急的な支援開始から退院に至るまでと、その後に必要な継続した支援までのアプローチや方法はどうすればよいか、他専門職との連携・協働、チームアプローチの方法と継ぎ目のない支援を目指す方法を考える。

(2) 事例

> **Tさん（男性・70歳）**
>
> 　主病名は、脳梗塞、高次脳機能障害、感覚性失語、白内障、糖尿病（軽度）。今回初発の脳梗塞で救急病院に緊急入院。単身、結婚歴なし、家族はいない。住居は病院から車で20分の民間アパート1階。国民健康保険加入、職場を転々として老齢年金を受給できず、シルバーセンターの紹介により造園業の仕事に従事。過去には長年の調理師経験を有する。
>
> **①ソーシャルワーカーの支援の開始、急性期病棟にて（支援過程1）**
> 「経済的な困難がありそうだ」との主治医の依頼で、見舞いに来院した職場同僚との面接から介入、上記の情報収集を行う。主治医の情報では、脳梗塞は重症ではないが、発症部位から高次脳機能障害が予測されること、軽度の感覚性失語が見られること、幸いADLに重度の麻痺が残ることはないだろうという内容。入院は3日前、仕事中に倒れて救急車で入院。意識が回復し簡単な応答ができるようになると入院費不安を訴えた。ただちに、本人と病室で面接、感覚性失語で十分な会話はできないが、経済的困難を確認し、区役所の保険課や生活福祉課と連絡をとり、生活保護申請を支援した。本人はいくぶん安心した表情で微笑んだ。
>
> **②回復期リハビリテーション病棟に転床（支援過程2）**
> 　急性期病棟に2週間入院後、同病院内にある回復期リハビリテーション病棟に転床、リハビリテーションに毎日取り組んだ。区役所の調査も進み、生活保護が開始された。主治医の診断どおり、ADLはほぼ回復してきたが、高次脳機能障害が注視された。1か月半後のリハビリ病棟のカンファレンスにて、Tさんのゴールの設定が話し合われた。医師・看護師・理学療法士・作業療法士・言語聴覚士らから、次々と自宅退院は困難ではないかという内容が報告されていった。
>
> ○**主治医**：脳梗塞について、高次脳機能障害はあるものの、生命を脅かす問題は消失した。検査の結果、認知症はない。身体に麻痺は残らない。感覚失語はリハビリで回復途上、理解は良好になってきた。しかし軽いとはいえ、失行、失認、失算、遂行機能障害などが見られる。単身生活は困難で自宅復帰はあきらめたほうがよいのではないか。本人はこのまま入院していたいと言っているので、介護老人保健施設（以下、老健）などへの転院を進めてはどう

か。あと1か月か最長2か月を限度に老健への転院としたい。ソーシャルワーカーに具体化を依頼。

○**看護師**：一日4回服用の服薬管理は見守りが必要。その他の問題行動はない。食欲、食事摂取も順調に回復してきた。易怒性なのか小さなことで怒り出したりすることが何度か見られた。退院への不安をもっているので、やはり施設への転院がよいのではないか。

○**リハビリテーション（理学療法士・作業療法士・言語聴覚士各職種の総合意見）**：作業療法やグループレクリエーション参加は良好、高次脳機能障害についてはリハビリテーションの成果が少し見られ、リハビリテーションは継続するが、総合して単身生活は困難だろうというアセスメント結果。

○**ソーシャルワーカーの対応と現時点での判断**：生活保護支援で経済的不安は解決してきた。本人との面接を毎日継続し、心のケアとしてソーシャルワーク・カウンセリングを続けてきた。毎日の面接では、「本当は家に帰りたい、隣には友人もいる、身体は元気になったのに、病気のせいか今までできたことができなくなっちゃったみたいだ。自分でもわけがわからないことがある」と、不安と焦燥に揺れる感情を訴えた。高次脳機能障害を自分でも十分理解できないまま、不安を抱えていることが理解された。「このまま入院していたい」と話しているが、必ずしも本意ではなく、初めて体験した障害に動揺し、退院への不安が大きくなったことが原因。必ずしも施設入所を希望しているわけではない。しかし、高次脳機能障害を抱えて、単身生活ができるのかどうか、ソーシャルワーカーにはまだ判断できない。

（3）演習の進め方の概要

①急性期病棟から回復期リハビリテーション病棟、その後の展開までを含めた支援過程を理解し、それぞれの段階に必要な支援の視点や方法を理解する。
②多専門職との連携と協働、チームアプローチの視点と方法を理解する。
③高次脳機能障害を抱えた利用者への支援の方法と支援過程を理解する。

（4）演習課題

①介入当初の急性期病棟（支援過程1）では、その後の転院や担当者の変更もあり得る。先を見据えてどのような支援の視点と方法が必要か、話し合う。
②回復期リハビリテーション病棟（支援過程2）でのカンファレンスにおいて、多職種から次々と自宅退院は無理で施設入所をゴールとするアセスメントが報告されている。ソーシャルワーカーのアセスメントをふまえ、他専門職に対してどのような報告や提案をすべきか話し合いながら、その根拠となる視点や具体的な方法まで整理する。
③カンファレンスでのゴール設定を仮定し、継ぎ目のない支援を目標に、その後の支援過程

に必要な視点と方法について意見を出し合い整理する。

（5）事前学習

高次脳機能障害、感覚性失語、回復期リハビリテーション病棟の機能、易怒性については、「人体の構造と機能及び疾患」、「保健医療サービス」で必ず事前に学習しておくこと。高次脳機能障害に関しては、各機関のホームページから資料が閲覧・ダウンロード可能。

（6）参考文献

○ 国立障害者リハビリテーションセンター「高次脳機能障害者支援の手引き」
http://www.rehab.go.jp/ri/brain_fukyu/kunrenprogram.html

○ 東京都高次脳機能障害者実態調査検討委員会「高次脳機能障害者実態調査報告書　平成20年」
http://www.fukushihoken.metro.tokyo.jp/joho/soshiki/syougai/seishiniryo/oshirase/kouji/index.html

○ 神奈川県リハビリテーション支援センター・高次脳機能障害支援「高次脳機能障害相談支援の手引き」
http://www.chiiki-shien-hp.kanagawa-rehab.or.jp/center-for-higher-brain-dysfunction

演習10「虐待が疑われる在宅の要介護高齢者への支援」

(1) 学習目標

在宅介護において家族の心身負担は多様で計り知れず、家庭という密室のなかで行われる介護には虐待の原因となる要素が多々ある。とくに、1人の家族介護者に介護負担が集中する場合や相談できる人が周囲にいない環境下では、介護期間の長期化に伴い虐待リスクも高くなるといわれている。なお、本事例は、チームで実施するモニタリングおよびサービス評価の必要性と重要性の理解を目標としたものである。

(2) 事例

> 寝たきりのAさん（女性・88歳）は、息子（64歳）と二人暮らしである。1年前に脳梗塞で入院し、左半身麻痺の後遺症を残した状態で在宅生活をはじめた。Aさんには脳血管性認知症もあり、現在は軽度の短期記憶障害と、わずかなことで泣いたり笑ったりする軽度の感情失禁がある。各種訪問介護等サービスを利用して約半年になるが、Aさんが、「介護には女の人がいいわ」「息子はよくやってくれている」と涙を浮かべながら話すことが多くなったということや、腕や股に小さなアザが見られることなどが気になる、との報告をヘルパーから受けた。ヘルパーがアザのことを息子に聞くと「ベッドから起こすときに、つい力が入ってしまってね」「介護のコツがつかめなくて、ついつい力任せになるもので」と説明されたという。
>
> ①心身・生活状況
>
> 要介護5。日常生活自立度C-1。左半身麻痺。認知症の日常生活自立度Ⅱ。高血圧治療薬、心疾患治療薬を服薬中。
>
> 日中はほとんどベッドで過ごす生活である。排泄は紙おむつを使用。なお、介護負担の軽減を目的として、尿道留置カテーテル（バルーンカテーテル）を挿入している。食事は息子の一部介助を受け、車いすにて摂食。身体の清潔は、通所介護での週1回の入浴と、ヘルパーによる全身清拭、息子による部分浴で保っている。留置カテーテルの管理のため、訪問看護サービスを週1回利用している。
>
> ②家族の心身状況
>
> 介護者である息子は、過去（定年退職直前）にクモ膜下出血を罹患し、入院加療した経験がある。現在は、高血圧症の治療薬を飲みながら身体状況を安定させる努力を行っている。近所に惣菜を届けてくれる友人が時々来てくれるが、Aさんの介護があるために長時間友人と過ごす時間がもてないことを不満に思っている。また、クモ膜下出血の再発を危惧し、母親が通所介護に行った時間を利用して通院している。
>
> なお、息子の家事能力については、調理に関する能力がもっとも低い。ご飯は炊けるがおかずはつくれないため、おかずのみ購入するという生活である。

③生活歴・就労歴

　四人兄弟姉妹の末っ子。親族との交流はない。夫が死亡した後、茶道を教えて生計を保っていた。会社勤めの経験はなく、専業主婦の期間がもっとも長い。

④経済状況

　遺族年金(厚生年金)。息子の厚生年金。

⑤地域の状況

　保健福祉サービスが充実している、小規模な郊外都市。住民のニーズに応えられる社会資源もある程度準備されている街である。地域住民が積極的に交流し支え合う環境とはいえないが、利便性が高いという意味では住みやすい街である。

(3) 演習の進め方の概要

①事例の抱える課題と人権にかかわる制度・知識を確認する。

②在宅介護支援における専門職の役割について理解する。

③Aさんの支援に関わる専門職の専門性の確認と、各専門職のサービス提供における目的・目標を理解する。

④Aさんの生活支援における各専門職のモニタリングの視点およびチームとしてのモニタリングの視点を確認する。

⑤Aさんのサービス評価の必要性およびモニタリング、サービス評価の実施方法を理解する。

(4) 演習課題

①Aさんの生活状況について感じたことを話し合う。

②Aさんの支援に必要な再アセスメント項目について話し合う。

③Aさんの介護に関わる問題点、ニーズ、社会資源などについて話し合う。

④Aさんの生活状況をふまえ、各専門職のサービス提供における目的・目標、モニタリングの視点などについて議論する。

⑤Aさんについての検討会を開催する。履修生は、ソーシャルワーカー・ヘルパー・通所介護職員・訪問看護師の立場になってロールプレイを実施し、Aさんの支援のあり方(モニタリング、サービス評価、再アセスメント、サービス提供における目的・目標など)を実践的に考える。

(5) 演習に臨むにあたっての事前学習

①介護保険制度における権利擁護制度について調べる。

②支援に関わる関係機関・関係職種の役割、支援アプローチの方法を調べる。

③介護保険制度におけるサービス担当者会議、サービス調整会議の概念や意義・方法を調べる。

④専門職としての姿勢・態度・コミュニケーションの技法について調べる。

（6）参考文献

- 社会福祉士養成講座編集委員会編『新・社会福祉士養成講座第7巻　相談援助の理論と方法Ⅰ　第2版』(中央法規出版、2010)
- 社会福祉士養成講座編集委員会編『新・社会福祉士養成講座第13巻　高齢者に対する支援と介護保険制度　第2版』(中央法規出版、2010)
- 高山直樹・川村隆彦・大石剛一郎編著『権利擁護―福祉キーワードシリーズ』(中央法規出版、2002)
- 小林篤子『高齢者虐待―実態と防止策』(中央公論新社、2004)

演習11 「地域住民の生活問題への気づきとソーシャルワーク支援・機能」

（1）学習目標

　地域社会での付き合い、見守り等で「なにか近隣の人の生活がおかしい」と、地域住民が福祉等の機関に相談をもち込み、ソーシャルワーカーの活動が開始する場合がある。どのように支援活動に結びついていくのか、支援にはどのようなソーシャルワークの機能を活用するのかを、ソーシャルワーカーが所属する組織・機関の役割・機能をも踏まえて考える。

（2）事例

　A市は4年前の市制施行をきっかけに、民生・児童委員協議会の事務局を町村からA市社会福祉協議会に移行し、A市社会福祉協議会の事務局はB社会福祉士が担当している。C民生・児童委員が担当ケースのDさん（女性・43歳）について、同居の息子（24歳）は職がなく、Dさんの遺族年金で2人が暮らしており、経済的困窮の様子がうかがわれる。生活保護の申請はできないだろうかという相談があった。さらにC民生・児童委員からDさんについて聞いた。

①Dさんの生活歴

　Dさんは児童養護施設出身者で、飲食店の従業員をしていたときに知り合った15歳年上の男性の子を妊娠し、妊娠をきっかけに同棲・入籍し、市営住宅に居住しはじめた。10年前に夫の飲酒運転がもとで夫が事故死、母子家庭となった。夫の遺族年金があったが、それだけでは生活できないので生活保護の受給を開始した。息子の高校中退をきっかけに、Dさんは息子と世帯分離させられ、Dさんの遺族年金の収入が最低生活基準を超えるために生活保護が廃止された。

②Dさんと息子の就労歴

　Dさんは、息子の成長に伴い、いくつかの就労先でパートをしたもののミスや遅刻が多く、勤め先からたびたび解雇された。1か所の就労は短期間しか続かなかった。現在は無職である。一方、息子は、学習が追いつかず高校を中退し、中退当初は求職活動をし、非正規や派遣で軽作業などの仕事に就いた経験はあるものの長く続かず、5年ほど前から就労はしていない。

③Dさん世帯とC民生・児童委員等との関係

　C民生・児童委員はDさんの夫が死亡後、生活保護を受給しDさん世帯を担当し、また保育園よりDさんの息子の身なりが汚い・洗髪がされてない等との連絡を受け、Dさんの世帯を見守ってきた。C民生・児童委員は生活保護の廃止後も気になる世帯だったので見守りをしてきた。Dさんにとって、C民生・児童委員は、たびたび家に顔を出す人、市等の行事に誘ってくれる人として家の事情を話すことがある。C民生・児童委員以外に親族、隣近所の人と

> の交流はない。
>
> **④C民生・児童委員から得られたDさん世帯の現状**
>
> 　C民生・児童委員は、Dさん世帯の収入が遺族年金だけであり、働いている様子のない息子が1日を飲酒やパチンコで過ごしていることが気になっており、最近、家庭訪問をした。息子はパチンコに出かけて留守であったため、気になっていたことを聞こうとした。しかし、Dさんは、疲れた様子でどこかうわの空、息子の話になるとあまり話そうとしなかった。ようやく気が休まるのは息子がパチンコに行っているときだけ、息子が帰宅するときに階段を上ってくる息子の足音で体が震えるという。冷たいものを出してくれるときに見えた冷蔵庫には缶ビールが詰まっており、ゴミ箱にもビールの空き缶が散らばっている。C民生・児童委員はDさんの様子がおかしいと感じている。

（3）演習の進め方の概要

①支援を効果的にするプライバシー保護について考える。
　民生・児童委員が、他機関の専門職（社会福祉協議会の事務局の社会福祉士）に個人の情報を提供する際のプライバシー保護について、ソーシャルワークの視点から理解する。
②事例が抱える問題状況と個人の権利について考える。
　生活歴、家族歴、家族関係、生活力、地域関係等を理解する。
③この事例について、ソーシャルワークの機能とミクロ・メゾレベルの介入について考える。
④市町村社会福祉協議会の機能とソーシャルワーカーの役割から民生・児童委員、福祉行政等との連携体制を考える。

（4）具体的な演習課題

①Dさん世帯について、個人情報保護法とソーシャルワークの観点からプライバシー保護について話し合う。C民生・児童委員がB社会福祉士に情報を提供する際、B社会福祉士がC民生・児童委員から情報を受け取った際のDさんへの配慮を話し合う。
②Dさん世帯の具体的な問題状況と介入の緊急性の程度について話し合う。その際に、問題の分析・解釈の視点、緊急性の程度を判断する根拠について検討する。
③②の話し合いを前提に、Dさん世帯、C民生・児童委員、行政等に対するB社会福祉士の役割を検討する。
④各自が調べた自分の市町村の民生・児童委員協議会事務局体制を前提に、Dさん世帯への支援体制・方策を具体的に検討する。

（5）演習に臨むにあたっての復習や事前学習

①自分が住む地域の民生・児童委員協議会の事務局の所在・担当者の業務内容、民生・児童

委員協議会と民生・児童委員協議会事務局の関係および民生・児童委員の活動について調べておく。

②事例のようなプライバシーを他機関・多職種間に支援のために提供する場合のソーシャルワークの原則を確認しておく。

③自分が住む地域のアディクションやＤＶ（ドメスティック・バイオレンス）に対するサービスや相談機関・組織について調べる。

④「アディクション」の概念について事前に学習しておく。

⑤ソーシャルワークの機能について、ミクロのみならずメゾレベルにも目を向けて、学んでおく。

（6）参考文献

○ 川村隆彦『ソーシャルワーカーの力量を高める理論・アプローチ』(中央法規出版、2011)

○ 社会福祉士養成講座編集委員会編『新・社会福祉士養成講座第9巻　地域福祉の理論と方法　第2版』(中央法規出版、2010)

演習12「地域を基盤としたソーシャルワークの実践展開」

(1) 学習目標

同様の事例が地域に多く見られる場合の、地域におけるソーシャルワークの展開のあり方を理解する。ソーシャルワークの実践展開においては、利用者個別の対応をすることと同時に、同様のニーズをもつ利用者が地域に存在している（ときには潜在化している）ことを意識しておく必要がある。一人の利用者に対する支援から、実践展開として地域における利用者群に対応するためのネットワークづくりやサービス開発などにつなげていくことを考える。

(2) 事例

> A地域のB民生委員から、一人暮らしの高齢者や高齢者世帯が増えてきており、ゴミの片づけや火の始末などについて心配な人が目立つようになってきた、地域として対応策がとれないかと、地域包括支援センターに相談があった。
>
> B民生委員がそう思うようになったのは、Cさん（女性・83歳）について、ご近所から心配の声が上がってきたことがきっかけである。Cさんは介護保険サービスを利用しているものの、一人で家にいる時間が長く、ときには家の前でぼんやりと座り込んでいるという。
>
> ①Cさんの状況
>
> Cさんは、長年一人暮らしをしてきたが、認知症が進行してきており、かかりつけ医は「いずれは施設に入ったほうがいい」と言っている。しかしCさんにそのつもりはなく、自分はしっかりしているので大丈夫だと考えている。
>
> ②心身状況
>
> 高血圧のために通院・服薬している。認知症が進行してきており、金銭管理、火元の管理ができなくなってきている。日常動作は自立しているが、動きはゆっくりである。
>
> ③サービス利用状況
>
> 要介護度１で、週２回の訪問介護と週３回の配食サービスを利用している。
>
> ④家族
>
> 夫とは30歳代で死別し、子どもはいない。弟家族がおり、連絡はとれるが遠方のため、何かあったときにすぐ来られるという状況ではない。
>
> ⑤生活歴・就労歴
>
> 高校卒業後、食品会社の事務職員として働いてきた。結婚後も仕事を続け、定年まで勤め上げた。退職後は年金生活で悠々自適に過ごし、会社員時代の友達と旅行に出かけることが多かった。自宅は一戸建ての持ち家で、老後のことを考えて50歳代で建てた。自宅周辺は住宅街。近所の人同士であいさつはするが、とくにCさんと仲のよい人はいない。
>
> ⑥関係機関

> 地域包括支援センター、民生委員、居宅介護支援事業所、訪問介護、配食サービス、社会福祉協議会など。

（3）演習の進め方と概要

①利用者の置かれている状況の理解
　ミクロからメゾ、マクロへの視点として、Cさん自身のことや、そのおかれている状況（関係機関など）、利用者を含む住民が生活している地域の状況という視点から理解していく。

②事例の問題点・ストレングスの理解
　事例の問題点ばかりでなく、ストレングスの部分にも目を向ける。

③利用者群の存在
　Cさんと同じような状況にある人が、ほかにも地域に存在することを理解する。

④ネットワーク
　地域ケアシステムにおける機関間連携、協働体制、住民を含む支援体制づくりを考える。

⑤アウトリーチ
　自らニーズを申し出ることが困難な人への関わりを考える。

（4）演習課題

①利用者のおかれている状況についてエコマップを作成する。
②問題解決策と同時に、ストレングスを維持・強化する方法（エンパワメント）について話し合う。
③Cさんと同じような状況にある人は、地域にどれくらいいるか、把握する方法を検討する。
④利用者への個別対応のみならず、地域に点在する利用者群を支えていくための、ネットワークづくりのあり方やサービス開発を検討する。
⑤地域において早期発見、予防活動を推進するための方策を検討する。

（5）演習に臨むにあたっての事前学習

①地域における支援のあり方やネットワークを理解するために必要となるので、「ストレングス」「エンパワメント」「ネットワーク」「アウトリーチ」の概念、方法論などを調べておく。
②事例を理解するために、事例に関連する法制度や、関係機関の機能などについて調べておく。

（6）参考文献

○L.C.ジョンソン,S.J.ヤンカ、山辺朗子・岩間伸之訳『ジェネラリスト・ソーシャルワーク』（ミネルヴァ書房、2004）

演習13 「地域で孤立しがちな住民の支援と地域社会」

（1）学習目標

地域生活の支援には、利用者の理解のみならず、地域住民など地域社会の理解も必要である。利用者支援に求められるソーシャルワーカーの地域社会との関わりについて考える。

（2）事例

Aさん（男性・60歳）は、塗装工の仕事を長年していたが、作業中に高所から転落して脳挫傷を受け、外傷性高次脳機能障害との診断を受けた。AさんはB市内の公営C団地に居住し、B市社会福祉協議会の日常生活自立支援事業を利用している。Aさんは若い頃より飲酒によるトラブルが多く、事故後はますます飲酒量が増え、近隣とのトラブルを頻繁に起こすようになってきた。団地の自治会では「Aさんがこの団地に住むことは難しいのではないか」という声も出ている。しかし、AさんはC団地に居住し続けたいと思っている。

①家族・生活歴

B市にて出生。工業高校卒業後、塗装工として働いてきた。若い頃一度結婚したが、その後離婚して、現在は前妻との関わりは一切ない。両親は30年前に死去。兄弟、親族などはいない。B市の民間アパートに2年前まで住んでいたが、公営住宅の抽選に当選し、C団地に転居した。事故前から塗装工仲間とのギャンブル、飲酒などの付き合いは頻繁にあったようだ。

②経済状況

事故前にローン会社から50万円の借金がある。現在は労災年金を月20万円ほど受給。

③心身状況

身体障害者手帳3級（頭部外傷による言語機能障害）。ADLは自立しているが、コミュニケーション面では、話の理解が難しく、自分でもうまく言葉が出せない等の問題がある。

飲酒が過ぎると、団地の廊下で騒ぐ、隣室のドアを蹴って壊してしまうなどのトラブルがこれまでにあった。

④地域の状況

公営C団地は40棟が隣接する団地で、団地内に保育園、小学校などの公共施設があり、高齢化も進んでいる。団地では数年前に高齢者の孤独死が起きており、自治会は見守り活動などに取り組みはじめている。B市は首都圏のベッドタウンとして人口は増加傾向にあるが、以前から居住する住民と新住民との間でのコミュニティに対する意識の差なども出てきている。

（3）演習の進め方の概要

①地域で生活課題を抱える利用者をどのように理解していくのか
　クライエントを理解していくためには、現在生じている問題だけでなく、その問題を理解していくための背景をさまざまな視点から考えていく必要がある。

②権利擁護（アドボカシー）の視点
　権利擁護は「自己決定の尊重という理念のもとに本人の法的諸権利につき、本人の意思あるいは意向に即して、過不足なく本人を支援すること」[25]といわれている。このままここで暮らしたいというAさんの意向に依拠した支援とは何かについて考え、権利擁護のあり方について考察していく。

③マクロの視点から支援について考察する
　生活課題を抱えるAさんの現在の状況が改善されればそれで終わりというわけではない。Aさんを取り囲む地域社会の現状を把握し、地域で支えていくとはどういうことかについても考察していく。

④フォーマル、インフォーマルな社会資源を把握し、それぞれの立場を理解しながら関係機関の連携のあり方について考察していく。

（4）演習課題

①事例を読んで、Aさんについてのアセスメントを行う。
　現状でわかっていること、情報として明らかになっていないことについて考察し、どのようなことが情報としてあると、よりAさんのことがわかるのか（Aさん固有の問題状況が明らかになるか）をグループで話し合う。

②Aさんの現在の社会資源の支援状況をエコマップ等の形で図式化する。
　今後、Aさんを支援していくために必要な社会資源について、フォーマル、インフォーマルの視点から考えていく。

③自治会の役員、団地の住民に対して、ソーシャルワーカーとしてどのように対応していけばよいか、また、対応策、解決策はあるのかを考えていく。②とともに、ふせんなどを使いながらワークショップ形式で演習を進める。

（5）演習に臨むにあたっての事前学習

　テキスト等で「高次脳機能障害」「日常生活自立支援事業」などについて調べておく。

（6）参考文献

○ 澤伊三男他編『ソーシャルワーク実践事例集―社会福祉士をめざす人・相談援助に携わる人のために』（明石書店、2009）

○ 奥川幸子『身体知と言語―対人援助技術を鍛える』（中央法規出版、2007）

---

[25] 平田厚『これからの権利擁護―「対話」「信頼」「寛容」を築く』（筒井書房、2001）p.37

演習14 「地域におけるエンパワメントに基づく支援」

(1) 学習目標

　本事例は、エンパワメントアプローチに基づいた、地域におけるソーシャルワークの展開を演習テーマとしている。

　地域におけるソーシャルワークでは、対人援助のみならず、社会福祉という制度の枠を超えて、誰もが暮らしやすいまちづくりという視点をもつことが必要になってくる。地域のなかに無数に埋もれている社会資源（フォーマルな制度に基づくものとはかぎらない）の開発や活用など、地域住民や多様な組織とつながり、地域社会に向けて何らかのアクションを起こすことも、ときには必要になってくる。その際、社会のなかで生きづらさや困難を抱える当事者が、自己の尊厳を回復し、自らが属する社会の構造に影響を与え得ることを支援するエンパワメントアプローチは、大いに手がかりとなるであろう。

　本事例では、エンパワメントアプローチに基づいたソーシャルワークの過程で、ソーシャルワーカーが地域のなかで果たし得る役割を考えることを目標とする。

(2) 事例

　都内A市における、精神障害者地域生活支援センター（以下、支援センター）開設にむけての、ソーシャルワーカーによる地域ネットワークづくりの事例である。

①A市の状況

　市内には複数の精神科病院があり、それに伴って小規模作業所やグループホームなどの社会資源が古くから存在していた。保健所、福祉事務所、作業所、精神科病院、グループホームなどの精神保健福祉関係者から構成される、地域精神保健連絡会議が中心となり、A市で暮らす精神障害者のニーズ調査を行ったところ、いつでも気軽に通える日中の居場所を求める声が多いことがわかった。

②ネットワークの立ち上げ

　ニーズ調査の内容を受けて、地域精神保健連絡会議が主催となり、市民を対象に調査報告会を実施したところ、調査に回答した当事者を含む200名を超える人が集まり、会場からは今後の精神保健福祉の充実を求める意見がたくさんあがった。

　これを機に、会議に参加していたソーシャルワーカーの有志が集まり、ただ単に箱物をつくるだけでなく、地域や当事者の実情に即した支援センターのあり方を議論するとともに、民間の立場として行政への要望活動を進めることを確認し合った。そして、ソーシャルワーカーの呼びかけに、報告会のときに発言していた当事者や家族、精神科医などが参加して、「A市に生活支援センターをつくる会（以下、つくる会）」が結成された。

③エンパワメントアプローチに基づくネットワークづくり

つくる会の会合は、精神科クリニックの一室を借りて、月1回ほど夜に開かれた。当初は、当事者や家族から、福祉施策が不足することへの不満をソーシャルワーカーなどの専門職に対してぶつける場面が頻繁にあったが、ある当事者からの「ここにはお客さんとして来てるんじゃないんだ。自分たちの支援センターをつくるんだ」という発言をきっかけに、当事者や家族が、支援やサービスを一方的に"受ける"側に立つだけではなく、参加する一人ひとりが主体的に"ねらい"、"つくり出す"役割をもっていることをお互いが確認し合うようになった。つくる会の話し合いは夜遅くまで続いた。議論が白熱することもあり、どんな支援センターがよいか、どこが受託するべきかなど、皆の間では少しずつイメージが共有化されていった。2か月に一度は会報を発行し、他市の支援センター見学や、A市の障害福祉課担当者との意見交換を行ったりと、会の動きも活発になった。

④地域住民からの反対運動

その後、結成から3年が経ち、市内の商店街にある空きビルを活用して、支援センターを開設することが決まった。ところが、一同が喜んだのも束の間、商店会をはじめとする地元住民から、「精神障害者？　そんな人たちが町をうろつくのは物騒だ」、「商店街のイメージが悪くなる」、「福祉よりも商業振興に税金を投じてほしい」などの反対の声があがり（実際に大型スーパー等の影響で、地元の個人商店のなかにはシャッターを閉めた店が増えており、以前よりも売り上げが落ち込んでいる状況があった）、反対者を募る署名活動まで起きてしまった。これを受けて、つくる会でも対応を考えることになった。

（3）演習の進め方の概要

①地域ニーズのアセスメント

その地域において何が課題となっているか、福祉施策の側面だけではなく、広くまちづくりを進めるうえでの課題として捉える。

②ネットワークの構築

課題を解決するためにはどのような人々や組織と連携することが必要か、その際に留意すべき点について考える。

③当事者主体によるエンパワメントアプローチ

社会的に抑圧された状態にあった当事者が、自らの自己尊厳を回復し、地域で主体的に暮らせる支援のあり方について考える。

（4）演習課題

①つくる会を立ち上げ、運営していくにあたって、何に焦点をあてるべきか、ソーシャルワークの価値を手がかりにして検討する。

②地域住民からの反対を受け、つくる会として具体的にどのような活動ができるか、当事者のエンパワメントという視点に基づいて検討する。
③地域におけるソーシャルワーカーの役割について、事例を手がかりにして考える。
④事例のような施設開設にむけての住民からの反対運動に、実際に直面した経験があれば、そのときの状況について話し合う。

(5) 演習に臨むにあたっての事前学習

①障害者が地域で暮らすために必要な制度やサービスについて、あらかじめ調べておく。
②「エンパワメント」の概念について事前に学習しておく。

(6) 参考文献

○ 川村隆彦『価値と倫理を根底に置いたソーシャルワーク演習』(中央法規出版、2002)
○ つくりっこの家運営委員会編『わけるとふえる―つくりっこの家の25年』(やどかり出版、2003)
○ 河北新報社編集局編『ともに生きる精神障害―地域へ、孤立を超えて』(筒井書房、2005)

演習15「無年金障害者運動」

（1）学習目標

　人権と社会正義の原理は、ソーシャルワークの拠り所とする基盤である。それをふまえ、クライエントのニーズと法制度やサービス、社会資源を照らし合わせ、クライエントの尊厳を守る専門職の立場から、これらを検証し、提言することがソーシャルワーカーには求められる。その具体的な専門援助技術の一つがソーシャル・アクション（社会活動法）である。ソーシャル・アクションはクライエントの生活実態から出発している。よって、ソーシャルワーカーはクライエントの生活実態から目を背けるわけにはいかず、クライエントとともに悩み、ともに考えていく存在といえる。

　本事例は、ソーシャルワーカーが援助技術であるソーシャル・アクションに取り組むための視点と方法論を学ぶことを目的としている。

（2）事例

①生活歴・就労歴

　Ａさん（男性・41歳）は、2年制専門学校卒業後（20歳）に中古自動車販売会社に就職したが、30歳のときに勤務先が突如倒産してしまった。失業給付金を受けながら職種にこだわらず就職活動し、いくつかの会社に履歴書を送ったが、不況の影響もあり面接試験を受けることすらままならなかった。

②家族・経済状況

　結婚していなかったＡさんは、両親（父65歳、母63歳）のもとに身を寄せた。父親はすでに定年退職しており、月額15万円程の老齢厚生年金を受給、賃貸マンションの家賃は7万円程であった。

　ようやくコンビニエンスストアの夜勤のアルバイトが決まったが、月収は11万円程度であり、勤務先の社会保険には加入させてもらえなかった。その後も正社員の仕事は見つからず、いくつかのアルバイトを転々とし、ときには昼夜かけもちで働くこともあった。国民健康保険には加入していたが、国民年金保険料は負担が大きく払えなかった。免除制度があることは両親も本人も気づかなかった。

　30代半ばより時折頭痛に悩まされたが、受診すると金がかかるため病院には行かなかった。

③心身状況

　41歳のとき、Ａさんはマンションの階段から誤って足を滑らせて階下に落下した。救急病院に搬送され一命は取り留めたが脊髄を損傷した。懸命にリハビリを行い、自力で日常生活が送れる程度に回復したが、車いす生活を余儀なくされた。Ａさんは身体の不自由さを嘆

き、高齢の両親に申しわけない気持ちでいっぱいになり、生きる意欲を徐々に失っていった。

④Aさんの思い

　入院中のある日、同室者で同年輩の脊髄損傷者から、障害基礎年金が受給できて経済的に助かっているとの話を聞いた。Aさんは障害基礎年金があることを知らなかったが、月額6〜8万円の障害基礎年金が受給できれば、少しは両親の負担を減らすことができる、車いすでもできるアルバイトがあれば、もしかしたら自立した生活を営むことができるかもしれないと考えた。

　早速、入院先の医療ソーシャルワーカーBさんに相談した。Bさんは、普段ふさぎこみがちなAさんの明るい表情を見て、経済的な保障があることは生きる力につながることを実感した。しかし、各年金法では障害原因の初診日までの間に3分の2以上の保険料を納めていることが要件とされており、Aさんは加入期間が不足しているため、障害基礎年金を受給することができないことに気づいた。Aさんは、両親も年老い、親亡き後の今後の生活のことを考えると、貯金は活用するが障害基礎年金があるととても助かる、何とかしてほしいとBさんに訴えた。

⑤ソーシャル・アクションの活用

　Bさんが先輩ソーシャルワーカーに相談すると、障害基礎年金が受給できない障害者（無年金障害者）は全国にたくさんいること、そして各地で当事者やソーシャルワーカーなどが集まり、無年金障害者問題の解決を求めて会をつくっていること、会では相談活動や学習会、厚生労働省交渉や国会議員要請活動など多岐にわたり運動していること、などを教えてくれた。そのことをAさんに話すと、同じ状況の無年金障害者と会って、ぜひとも話がしたい、運動にも参加したい、と話した。Bさんが隣県の無年金障害者の会に電話してみると、近いうちに交流会があるので参加してほしい、また、身近な地域で自分たちで会をつくってみないか、との話があった。このことをAさんに話すと、「無年金障害者を集めて会をつくりたい」との希望が出された。

（3）演習の進め方の概要

①法制度やサービスの矛盾や欠陥、社会資源の不足に気づく

　クライエントを支えるはずの法制度やサービス、社会資源が活用できない状況がなぜ生じているのか、という視点をもつ。

②ソーシャル・アクションの展開過程を知る

　ソーシャル・アクションに取り組む際には、(ア)始動集団の形成、(イ)行動計画への予備学習、(ウ)行動計画の立案、(エ)行動計画の実施、(オ)総合評価と新たな課題、という展開過程があることを知る。

（4）演習課題

①年金制度において、加入要件・受給要件などにより無年金障害者が生じている。このことをふまえ、障害者の所得保障についてどのように考えたらよいのかを討議する。

②障害基礎年金が受給できないAさんの課題に対して、Aさんの自己責任との捉え方ではなく、年金制度の狭間の問題として捉えた場合、どのようなソーシャル・アクションが考えられるのかを検討する。

③事例を参考に、法制度やサービスの矛盾や欠陥、社会資源の不足により、クライエントに生活課題が生じている事例を考え、ソーシャル・アクションの視点で検討する。

（5）演習に臨むにあたっての事前学習

①障害基礎年金の受給要件について、あらかじめ調べておく。

②特別障害給付金が制度化された背景を調べておく。

③実習を要する履修生は実習体験から、実習免除者は実際の支援活動のなかから、それぞれソーシャル・アクションとして取り上げたい課題を事前に考えておく。

（6）参考文献

○ 西尾祐吾・相澤穰治編著『ソーシャルワーク―基礎知識と事例による展開』（八千代出版、1997）

表2-13 演習事例の特性と学習のねらい

		演習1	演習2	演習3	演習4	演習5	演習6	演習7	演習8	演習9	演習10	演習11	演習12	演習13	演習14	演習15
事例の特性		高齢者 家族	高齢者	高齢者	児童 家族(親) 虐待 危機的状況	高齢者 障害 家族 虐待 危機的状況	ホームレス	障害 家族 地域	高齢者 家族 老人保健施設	高齢者 障害 病院入院	高齢者 家族 虐待	家族 地域 社会的排除 危機的状況	高齢者 地域	障害 地域 社会的排除	障害 地域 社会的排除	障害 社会的排除
ねらい																
基盤	視点・モデル	○			○											
	価値・倫理	○	○	○	○	○		○	○	○		○	○		○	○
	自己覚知・コンピテンシー	○		○			○		○	○						
	対人コミュニケーションの基礎	○	○		○											
ミクロ	ソーシャルワークの機能		○	○				○								
	利用者理解・アセスメント		○		○	○	○	○	○	○	○	○	○	○		○
	対人援助プロセス		○	○	○	○		○	○		○			○		
	支援方法・サービス活用							○			○	○		○		
メゾ	モニタリング・効果測定		○				○				○					
	フォローアップ							○			○					
	チームアプローチ		○	○		○			○		○	○				○
	ケア会議			○		○			○							
	サービス・支援展開															
	サービス評価		○													
	サービス開発															
マクロ	ニーズキャッチ				○							○	○			
	アウトリーチ		○		○							○	○		○	
	地域アセスメント		○									○	○	○	○	○
	ネットワーク・連携													○		
	予防												○			
	ソーシャルアクション											○		○		○
	福祉計画													○		
	理論モデル・アプローチによる事例検討(分析)						○	○		○		○	○		○	

巻末資料

資料 1

国際ソーシャルワーカー連盟(IFSW)のソーシャルワークの定義

(2000年7月モントリオールにて採択)

定義

　ソーシャルワーク専門職は、人間の福利(ウエルビーング)の増進を目指して、社会変革を進め、人間関係における問題解決を図り、人びとのエンパワーメントと解放を促していく。ソーシャルワークは、人間の行動と社会システムに関する理論を利用して、人びとがその環境と相互に影響し合う接点に介入する。人権と社会正義の原理は、ソーシャルワークの拠り所とする基盤である。

解説

　様ざまな形態をもって行われるソーシャルワークは、人びととその環境の間の多様で複雑な相互作用に働きかける。その使命は、すべての人びとが、彼らのもつ可能性を十分に発展させ、その生活を豊かなものにし、かつ、機能不全を防ぐことができるようにすることである。専門職としてのソーシャルワークが焦点を置くのは、問題解決と変革である。従ってこの意味で、ソーシャルワーカーは、社会においての、かつ、ソーシャルワーカーが支援する個人、家族、コミュニティの人びとの生活にとっての、変革をもたらす仲介者である。ソーシャルワークは、価値、理論、および実践が相互に関連しあうシステムである。

価値

　ソーシャルワークは、人道主義と民主主義の理想から生まれ育ってきたのであって、その職業上の価値は、すべての人間が平等であること、価値ある存在であること、そして、尊厳を有していることを認めて、これを尊重することに基盤を置いている。ソーシャルワーク実践は、1世紀余り前のその起源以来、人間のニーズを充足し、人間の潜在能力を開発することに焦点を置いてきた。人権と社会正義は、ソーシャルワークの活動に対し、これを動機づけ、正当化する根拠を与える。ソーシャルワーク専門職は、不利益を被っている人びとと連帯して、貧困を軽減することに努め、また、傷つきやすく抑圧されている人びとを解放して社会的包含(ソーシャル・インクルージョン)を促進するよう努力する。ソーシャルワークの諸価値は、この専門職の、各国別並びに国際的な倫理綱領として具体的に表現されている。

理論

　ソーシャルワークは、特にソーシャルワークの文脈でとらえて意味のある、地方の土着の知識を含む、調査研究と実践評価から導かれた実証に基づく知識体系に、その方法論の基礎を置く。ソーシャルワークは、人間と環境の間の相互作用の複雑さを認識している。そして、人びとの能

力が、その相互作用に対して働く様ざまな力―それには、生体・心理社会的要因が含まれる―によって影響を受けながらも、同時にその力を変えることができることをも認識している。ソーシャルワーク専門職は、複雑な状況を分析し、かつ、個人、組織、社会、さらに文化の変革を促すために、人間の発達と行動、および社会システムに関する理論を活用する。

実践

ソーシャルワークは、社会に存在する障壁、不平等および不公正に働きかけて取り組む。そして、日常の個人的問題や社会的問題だけでなく、危機と緊急事態にも対応する。ソーシャルワークは、人と環境についての全体論的なとらえ方に焦点を合わせた様ざまな技能、技術、および活動を利用する。ソーシャルワークによる介入の範囲は、主として個人に焦点を置いた心理社会的プロセスから社会政策、社会計画および社会開発への参画にまで及ぶ。この中には、人びとがコミュニティの中でサービスや社会資源を利用できるように援助する努力だけでなく、カウンセリング、臨床ソーシャルワーク、グループワーク、社会教育ワークおよび家族への援助や家族療法までも含まれる。ソーシャルワークの介入には、さらに、施設機関の運営、コミュニティ・オーガニゼーション、社会政策および経済開発に影響を及ぼす社会的・政治的活動に携わることも含まれる。ソーシャルワークのこの全体論的な視点は、普遍的なものであるが、ソーシャルワーク実践での優先順位は、文化的、歴史的、および社会経済的条件の違いにより、国や時代によって異なってくるであろう。

資料 2

日本社会福祉士会の倫理綱領

(2005年6月3日採択)

前　文

われわれ社会福祉士は、すべての人が人間としての尊厳を有し、価値ある存在であり、平等であることを深く認識する。われわれは平和を擁護し、人権と社会正義の原理に則り、サービス利用者本位の質の高い福祉サービスの開発と提供に努めることによって、社会福祉の推進とサービス利用者の自己実現をめざす専門職であることを言明する。

われわれは、社会の進展に伴う社会変動が、ともすれば環境破壊及び人間疎外をもたらすことに着目する時、この専門職がこれからの福祉社会にとって不可欠の制度であることを自覚するとともに、専門職社会福祉士の職責についての一般社会及び市民の理解を深め、その啓発に努める。

われわれは、われわれの加盟する国際ソーシャルワーカー連盟が採択した、次の「ソーシャルワークの定義」(2000年7月)を、ソーシャルワーク実践に適用され得るものとして認識し、その実践の拠り所とする。

> **ソーシャルワークの定義**
>
> ソーシャルワーク専門職は、人間の福利(ウェルビーイング)の増進を目指して、社会の変革を進め、人間関係における問題解決を図り、人々のエンパワーメントと解放を促していく。ソーシャルワークは人間の行動と社会システムに関する理論を利用して、人びとがその環境と相互に影響し合う接点に介入する。人権と社会正義の原理は、ソーシャルワークの拠り所とする基盤である。(IFSW;2000.7.)

われわれは、ソーシャルワークの知識、技術の専門性と倫理性の維持、向上が専門職の職責であるだけでなく、サービス利用者は勿論、社会全体の利益に密接に関連していることを認識し、本綱領を制定してこれを遵守することを誓約する者により、専門職団体を組織する。

価値と原則

1(人間の尊厳)

　社会福祉士は、すべての人間を、出自、人種、性別、年齢、身体的精神的状況、宗教的文化的背景、社会的地位、経済状況等の違いにかかわらず、かけがえのない存在として尊重する。

2(社会正義)

　差別、貧困、抑圧、排除、暴力、環境破壊などの無い、自由、平等、共生に基づく社会正義の実現を目指す。

3(貢献)

　社会福祉士は、人間の尊厳の尊重と社会正義の実現に貢献する。

4(誠実)

　社会福祉士は、本倫理綱領に対して常に誠実である。

5(専門的力量)

　社会福祉士は、専門的力量を発揮し、その専門性を高める。

倫理基準

1)利用者に対する倫理責任

1．(利用者との関係)　社会福祉士は、利用者との専門的援助関係を最も大切にし、それを自己の利益のために利用しない。

2．(利用者の利益の最優先)　社会福祉士は、業務の遂行に際して、利用者の利益を最優先に考える。

3．(受　容)　社会福祉士は、自らの先入観や偏見を排し、利用者をあるがままに受容する。

4．(説明責任)　社会福祉士は、利用者に必要な情報を適切な方法・わかりやすい表現を用いて提供し、利用者の意思を確認する。

5．(利用者の自己決定の尊重)　社会福祉士は、利用者の自己決定を尊重し、利用者がその

権利を十分に理解し、活用していけるように援助する。

6．（利用者の意思決定能力への対応）　社会福祉士は、意思決定能力の不十分な利用者に対して、常に最善の方法を用いて利益と権利を擁護する。

7．（プライバシーの尊重）　社会福祉士は、利用者のプライバシーを最大限に尊重し、関係者から情報を得る場合、その利用者から同意を得る。

8．（秘密の保持）　社会福祉士は、利用者や関係者から情報を得る場合、業務上必要な範囲にとどめ、その秘密を保持する。秘密の保持は、業務を退いた後も同様とする。

9．（記録の開示）　社会福祉士は、利用者から記録の開示の要求があった場合、本人に記録を開示する。

10．（情報の共有）　社会福祉士は、利用者の援助のために利用者に関する情報を関係機関・関係職員と共有する場合、その秘密を保持するよう最善の方策を用いる。

11．（性的差別、虐待の禁止）　社会福祉士は、利用者に対して、性別、性的指向等の違いから派生する差別やセクシュアル・ハラスメント、虐待をしない。

12．（権利侵害の防止）　社会福祉士は、利用者を擁護し、あらゆる権利侵害の発生を防止する。

2）**実践現場における倫理責任**

1．（最良の実践を行う責務）　社会福祉士は、実践現場において、最良の業務を遂行するために、自らの専門的知識・技術を惜しみなく発揮する。

2．（他の専門職等との連携・協働）　社会福祉士は、相互の専門性を尊重し、他の専門職等と連携・協働する。

3．（実践現場と綱領の遵守）　社会福祉士は、実践現場との間で倫理上のジレンマが生じるような場合、実践現場が本綱領の原則を尊重し、その基本精神を遵守するよう働きかける。

4．（業務改善の推進）　社会福祉士は、常に業務を点検し評価を行い、業務改善を推進する。

3）**社会に対する倫理責任**

1．（ソーシャル・インクルージョン）　社会福祉士は、人々をあらゆる差別、貧困、抑圧、排除、暴力、環境破壊などから守り、包含的な社会を目指すよう努める。

2．（社会への働きかけ）　社会福祉士は、社会に見られる不正義の改善と利用者の問題解決のため、利用者や他の専門職等と連帯し、効果的な方法により社会に働きかける。

3．（国際社会への働きかけ）　社会福祉士は、人権と社会正義に関する国際的問題を解決するため、全世界のソーシャルワーカーと連帯し、国際社会に働きかける。

4）**専門職としての倫理責任**

1．（専門職の啓発）　社会福祉士は、利用者・他の専門職・市民に専門職としての実践を伝え社会的信用を高める。

2．（信用失墜行為の禁止）　社会福祉士は、その立場を利用した信用失墜行為を行わない。

3．（社会的信用の保持）　社会福祉士は、他の社会福祉士が専門職業の社会的信用を損なうような場合、本人にその事実を知らせ、必要な対応を促す。

4．（専門職の擁護）　社会福祉士は、不当な批判を受けることがあれば、専門職として連帯し、

その立場を擁護する。
5．(専門性の向上)　社会福祉士は、最良の実践を行うために、スーパービジョン、教育・研修に参加し、援助方法の改善と専門性の向上を図る。
6．(教育・訓練・管理における責務)　社会福祉士は教育・訓練・管理に携わる場合、相手の人権を尊重し、専門職としてのよりよい成長を促す。
7．(調査・研究)　社会福祉士は、すべての調査・研究過程で利用者の人権を尊重し、倫理性を確保する。

資料 3

社会福祉士学校及び介護福祉士学校の設置及び運営に係る指針について(抜粋)

〔平成20年3月28日厚生労働省社援発0328002号通知　別表〕

相談援助演習

〔ねらい〕

　相談援助の知識と技術に係る他の科目との関連性も視野に入れつつ、社会福祉士に求められる相談援助に係る知識と技術について、次に掲げる方法を用いて、実践的に習得するとともに、専門的援助技術として概念化し理論化し体系立てていくことができる能力を涵養する。
①総合的かつ包括的な援助及び地域福祉の基盤整備と開発に係る具体的な相談援助事例を体系的にとりあげること。
②個別指導並びに集団指導を通して、具体的な援助場面を想定した実技指導(ロールプレーイング等)を中心とする演習形態により行うこと。

〔教育に含むべき事項〕

①以下の内容については相談援助実習を行う前に学習を開始し、十分な学習をしておくこと。
ア　自己覚知
イ　基本的なコミュニケーション技術の習得
ウ　基本的な面接技術の習得
エ　次に掲げる具体的な課題別の相談援助事例等(集団に対する相談援助事例を含む。)を活用し、総合的かつ包括的な援助について実践的に習得すること。
(ア)社会的排除
(イ)虐待(児童・高齢者)
(ウ)家庭内暴力(D.V)
(エ)低所得者

巻末資料

(オ)ホームレス
(カ)その他の危機状態にある相談援助事例(権利擁護活動を含む。)

オ エに掲げる事例等を題材として、次に掲げる具体的な相談援助場面及び相談援助の過程を想定した実技指導を行うこと。

(ア)インテーク
(イ)アセスメント
(ウ)プランニング
(エ)支援の実施
(オ)モニタリング
(カ)効果測定
(キ)終結とアフターケア

カ オの実技指導に当たっては、次に掲げる内容を含めること。

(ア)アウトリーチ
(イ)チームアプローチ
(ウ)ネットワーキング
(エ)社会資源の活用・調整・開発

キ 地域福祉の基盤整備と開発に係る事例を活用し、次に掲げる事項について実技指導を行うこと。

(ア)地域住民に対するアウトリーチとニーズ把握
(イ)地域福祉の計画
(ウ)ネットワーキング
(エ)社会資源の活用・調整・開発
(オ)サービスの評価

②相談援助実習後に行うこと。

相談援助に係る知識と技術について個別的な体験を一般化し、実践的な知識と技術として習得できるように、相談援助実習における学生等の個別的な体験も視野に入れつつ、集団指導並びに個別指導による実技指導を行うこと

◎執筆者一覧（順不同）

担当章	氏名	所属
第Ⅰ部 第1章、 第Ⅱ部 第6章	髙橋 流里子 Ruriko Takahashi	日本社会事業大学実習教育研究・研修センターセンター長 日本社会事業大学社会福祉学部教授
第Ⅰ部 第2章、 第Ⅱ部 第2章	小畑 万里 Mari Obata	NPO法人ハーモニー虹代表 日本社会事業大学通信教育科非常勤講師
第Ⅰ部 第3章、 第Ⅱ部 第3章	北島 英治 Eiji Kitajima	日本社会事業大学社会福祉学部教授
第Ⅰ部 第4章、 第Ⅱ部 第4章3、4、 第6章	我謝 美左子 Misako Gaja	日本社会事業大学通信教育科社会福祉士養成課程専任教員
第Ⅰ部 第4章2、 第Ⅱ部 第1章	對馬 節子 Setsuko Tsushima	FK研究グループ研究員 日本社会事業大学通信教育科非常勤講師
第Ⅱ部 第4章1、2、 第5章1、第6章	松井 奈美 Nami Matsui	日本社会事業大学実習教育研究・研修センター副センター長 准教授
第Ⅱ部 第5章2、3、 第6章	木戸 宜子 Noriko Kido	日本社会事業大学実習教育研究・研修センター副センター長 日本社会事業大学大学院福祉マネジメント研究科准教授
第Ⅱ部 第6章	前廣 美保 Miho Maehiro	日本社会事業大学実習教育研究・研修センター実習講師（嘱託）
第Ⅱ部 第6章	金井 聡 Satoshi Kanai	社会福祉法人つくりっこの家支援スタッフ 日本社会事業大学通信教育科非常勤講師
第Ⅱ部 第6章	柳澤 充 Mitsuru Yanagisawa	群馬医療福祉大学短期大学部講師 日本社会事業大学通信教育科非常勤講師
第Ⅱ部 第6章	岡田 澄恵 Sumie Okada	日本社会事業大学通信教育科非常勤講師 フリー・ソーシャルワーカー
第Ⅱ部 第6章	小山 晴義 Haruyoshi koyama	国立市社会福祉協議会くにたち権利擁護センター 総務課権利擁護係係長 日本社会事業大学通信教育科非常勤講師
第Ⅱ部 第6章	川村 博文 Hirofumi Kawamura	首都医校精神保健福祉学科専任教官 日本社会事業大学通信教育科非常勤講師
第Ⅱ部 第6章	西田 ちゆき Chiyuki Nishida	一般社団法人成年後見事務所アンカー副代表 日本社会事業大学通信教育科非常勤講師
第Ⅱ部 第6章	綱 きみ子 Kimiko Tsuna	日本社会事業大学通信教育科非常勤講師

日本社会事業大学　実習教育研究・研修センター

　日本社会事業大学が2006年に打ち出した社会福祉人材・研修ナショナル・センターの機能をさらに充実するために2010年に創設された組織で、ソーシャルワークの実習教育にかかわる研修・教材開発・研究を行う。

　教材開発の第1弾として、『ソーシャルワークへのいざない―はじめての社会福祉士の実習―』(日本医療企画、2011)があり、社会人や現場経験者が多い通信教育科の実習教育及び実践者で実習教育に係る実習指導者の講習会において活用している。

　国民の福祉の向上に貢献できるソーシャルワークの専門職の実践力の向上を目指しており、国家資格の範囲の実習指導や実習教育にとどまらない現場"実践"を射程においている。

日本社会事業大学　実習教育研究・研修センター
http://www.jcsw.ac.jp/jisshu

ソーシャルワーク実践へのいざないⅡ
―― 実践を深める相談援助演習 ――

2012年2月16日　初版第1刷発行

編　著	日本社会事業大学　実習教育研究・研修センター©
発行人	林　諄
発行所	株式会社 日本医療企画
	東京都千代田区神田岩本町4-14　神田平成ビル
	TEL.03-3256-2861(代)　〒101-0033
印刷所	大日本印刷 株式会社

ISBN978-4-86439-031-6　C3036　　Printed and Bound in Japan, 2012
定価は表紙に表示しています。